52の事例から読み解く 採用の原理原則

採用に強い会社は何をしているか

青田 努

ダイヤモンド社

はじめに

　事業は人なり(松下幸之助、パナソニック)、価値の源泉は人(リクルートグループ)、モノづくりは人づくり(トヨタ自動車)など、多くの企業が「人」の重要性を謳(うた)っています。

　経営者・管理職を対象としたアンケート調査のほとんどにおいても、「人材・組織」は経営課題として上位にランクインする項目です。「人が大事」ということに対して、今さら異を唱える人はいないでしょう。

　しかし、経営課題として重要視されている「人材・組織」のスタート地点となる「採用」に対して、企業は満足のいく結果を出せているのでしょうか。

　マイナビが2018月11月に発表した「2019年卒マイナビ 企業新卒内定状況調査」によると、内定者の質・量ともに満足している企業は27.5％にとどまっています。また、同社の「中途採用業務の実績調査」(2019年1月)においては、採用者の質に対して「満足／やや満足」と回答している企業は35.1％、量に対しては25.3％にとどまり、満足のいく採用を実現できている企業は少数派でした。

　これらの調査結果より、採用はその重要性を認識されながらも、思うような結果となっていない実情が垣間見えます。

採用の成果を高める
52の事例と原理原則

　採用に満足できている企業がこれほどまでに少ないのはなぜでしょうか。大前提として採用は人材獲得競争であり、そこには勝敗が存在するため、すべての企業が満足する結果にはなりづらいものではありますが、少なくとも「採用活動に関する知見不足」はその理由のひとつとして挙げられるでしょう。

　「他社はどのような創意工夫をしているのか」「採用にはどのような原理原則があるのか」を知らずして人材獲得競争に臨んでいる採用担当者とそうでない担当者とでは、もちろん勝率が違ってきます。

　そこで、本書では採用活動における多くの事例と原理原則を紹介・解説し、採用担当者の方々のサポートができればと考えています。

本書で紹介する採用活動の事例

1	CRAZY	自社の世界観をあますところなく伝える採用ページ
2	サイバーエージェント	オンライン会社説明会「サイブラリー」
3	アサツー ディ・ケイ	「相棒採用」
4	LINE	「LINE HR BLOG」「LINE Engineering」
5	メルカリ	「mercan」
6	メドレー	「MEDLEY オフィシャルブログ」
7	面白法人カヤック	「面白採用キャンペーン」
8	コナミデジタルエンタテインメント	「KONAMI CREATOR'S Meetup! #01 〜野球コンテンツ編〜」
9	もろおか薬品	「誰もついて来てくれんかったとです」
10	ユーザベース	「31の約束」

はじめに

11	リクルートメディアコミュニケーションズ	「愛してる が、うまく書けるえんぴつ」
12	アマゾンジャパン	「Inside Amazon」
13	ZOZOテクノロジーズ	「#ZOZO Tech 質問会」
14	伊藤忠商事	テレビCM 「はじめての使命 "新人たちの一年篇"」
15	ヤフー	テレビCM 「人財採用 "大分編"」
16	ファーストリテイリング	日本経済新聞 15段求人広告
17	メルカリ	日本経済新聞 15段求人広告
18	トヨタ自動車	南武線求人広告
19	アマゾンジャパン	業界誌『月刊 工場管理』とのコラボレーション
20	共和証券	求人広告「証券マンを辞めないでください。」
21	レッドバロン	採用ポスター「バイクファンを、増やそう。」
22	キムラユニティー	求人広告「『言われたことを言われたとおりやるのが得意です』って、どうして言い出せなかったんだろう。」
23	LIG	求人記事「伝説のWEBデザイナー」
24	LINE	従業員による自発的な情報発信
25	多摩中央信用金庫	求人広告「ぜったい世界にはばたかないたましん。」
26	第一興商販売	求人広告 「『いいとも』まで寝てられる。」
27	ハイアット・リージェンシー・オーサカ	求人広告「どこで修行をしたか、も大事になってくる。」
28	ファーストリテイリング	グレード別の給与額および年齢
29	楽天	オフィスツアーVR
30	バレットグループ	オフィスツアーVR
31	リクルート	スパコン購入
32	ナイル	「ナイルのかだん」
33	ニトリ	「この仕事、ぜんぶできます！」

34	SmartHR	「エンジニアの入社歓迎会の練習をする会 〜入社歓迎会のやり方、忘れました〜」
35	三幸製菓	「日本一短いES（エントリーシート）」
36	面白法人カヤック	「エゴサーチ採用」
37	ライフネット生命	「重い課題」
38	ドワンゴ	受験料制度
39	メドレー	エージェントへの情報提供
40	面白法人カヤック	「ファストパス」「ラストパス」
41	グーグル	採用の際に期待する一般的な要件
42	McKinsey & Company	「Interviewing with McKinsey: Case study interview」
43	面白法人カヤック	「ポートフォリオ奨学金」
44	ラクスル	ワークサンプルテスト
45	味の素	アンコンシャス・バイアス研修
46	トロント交響楽団	ブラインド・オーディション
47	韓国政府	ブラインド選考
48	セプテーニグループ	活躍予測モデル
49	SmartHR	エンジニア向けの体験入社制度
50	CRAZY	「ライフプレゼンテーション」
51	ビズリーチ	面接官の役割
52	日本アイ・ビー・エム	ダイレクト・ソーシング 最適化を目指した採用組織の変革

※社名はすべて施策実施時のもの

「出会う」「見立てる」「結ばれる」

　採用活動は、**出会う**、**見立てる**、**結ばれる**の３つのプロセスにより構成されます。

採用活動における３つのプロセス

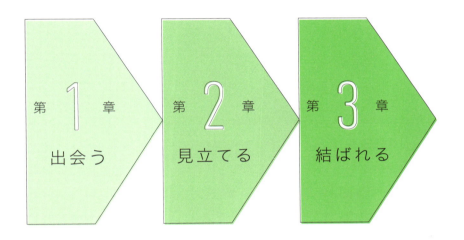

　採用活動は、「いい人」と出会えないことには始まりません。そこで**第１章「出会う」**では、自社に魅力を感じてもらうために必要な観点やメディア活用におけるコミュニケーションの手法、エージェント（人材紹介会社）経由の採用を成功に導く秘訣、リファラル（社員紹介採用）を活性化させる方法、スカウト採用の成否を分けるポイントなど、出会うためのコツを余すところなく紹介しています。

　また、出会った人が本当に「自社にマッチする人」かどうかを採用担当者は判断しなければなりません。そのために**第２章「見立てる」**

では、採用選考において候補者一人ひとりが自社にとって本当に最良の人材なのかを見立てる方法を紹介します。また、その前提となる「正しい人材要件設計」について、理解を深めていただきます。

最後に、**第3章「結ばれる」**では、売り手市場と比例するように内定辞退が増えている昨今、他社ではなく自社を選んでもらうために知っておきたいことや実施したいことを、内定辞退における「7つの失敗」をベースにお伝えします。

採用に強い会社は、勝つべくして勝っている

私は、リクルートのHR Division(現リクルートキャリア)で「リクナビ」の学生向けプロモーションに関わったのち、リクルートメディアコミュニケーションズ(現リクルートコミュニケーションズ)で求人広告の制作ディレクターとして、求人メディアに掲載いただく大手・中小企業200社以上の採用を支援してきました。求める人物像を共に考え、自社の魅力とそれを裏付ける事実情報を明らかにし、ターゲットの心情に沿ったメッセージを書く。このプロセスを通じて「コミュニケーションで人を動かす技術」を学びました。

その後、リクルートメディアコミュニケーションズ、アマゾンジャパン、プライスウォーターハウスクーパース、LINEなどの企業で通算10年以上、自社の採用業務に携わっています。また、日本最大の人事向けメディア『日本の人事部』を運営するアイ・キューにも在籍し、多くの企業の採用事例や人事部の取り組みを知る機会に恵まれました。

その中で確信したのは、採用活動において「たまたま勝つ」ことは稀であり、採用に強い企業は自社なりに試行錯誤し、**「勝つべくして勝っている」**ということでした。本書では、こうした採用に強い企業の事例や、彼らが大切にしている原理原則を紹介しています。これらが採用で悩む方々にとってのヒントとなり、世の中に「いい採用」が増え、いきいきと働ける人が増えていくことが、著者としての切なる願いです。

　なお、本書は学べる生放送コミュニケーションサービス「Schoo（スクー）」で好評いただいた、採用担当者向けの授業『採用競争力を高める採用コミュニケーションの原理原則（全4回）』の内容をベースに執筆しています。本書執筆のきっかけをいただいたスクーの皆様には、この場を借りて御礼を申し上げます。

2019年3月

青田 努

Contents

はじめに ……3

第 1 章

出会う
「いい人」に出会える会社は
何をしているか

<u>採用活動における4つの出会い方</u> ……18

<u>メディア経由での出会いを実現する9つの要素</u> ……20

　❶チャネル　　　ターゲットの視界に入っているか ……23
　❷振り向かせ　　「自分のことだ」と感じてもらえているか ……62
　❸拡散しやすさ　人に伝えたくなる仕組みはあるか ……72
　❹ベネフィット　ターゲットに提供できる価値は明確か ……76
　❺エビデンス　　ベネフィットを証明する事実を示せているか ……80
　❻差別化　　　　他社にはない差別要素があるか ……83
　❼不安払拭　　　不安を想定し、先回りして対応できているか ……86
　❽ウェルカム感　応募を歓迎するムードがあるか ……89
　❾負荷調整　　　応募のハードルを無駄に高くしてないか ……91

エージェント採用に効く「ク・ス・リ」 …… 95

リファラルを成功に導く7つの取り組み …… 103

スカウト文面に必要な5つの要素 …… 111

第 2 章

見立てる

ミスマッチ採用を減らす選考設計のコツ

ミスマッチ採用を生む「3つの問題」 …… 118

何を見立てるか
「人材要件」は、「業務・カルチャー」と結びつける …… 120

どう見立てるか
選考方法は、人材要件に適したものを選ぶ …… 130

誰が見立てるか
良い採用担当者の5つの素養 …… 144

第3章

結ばれる
内定辞退に至る「7つの失敗+1」

内定辞退を引き起こす7つの要因 …… 158

1. 仕掛けが遅い
　勝負は「内定前」から始まっている …… 161

2. 情報が浅い
　候補者を理解するうえで必要な4つの情報 …… 165

3. 技術が拙い
　クロージングに必要な5要素「C・L・O・S・E」 …… 170

4. 内定が軽い
　そこに「意味のある重み」はあるか …… 176

5. スタンスが狭い
　ポジティブトーク化を通じ、自社の魅力を見つめ直す …… 178

6. 戦略が粗い
　候補者の心情の流れをデザインする …… 180

7. チームが弱い
　担当者ごとの役割を明確にし、強化する …… 189

+1. フォローが弱い
　内定応諾後に潜む3つの落とし穴 …… 195

最終章
採用担当者に必要な技術と魂

成長する会社に必要な採用担当者のマインドセット …… 200

おわりに …… 208

巻末特典
『採用に強い会社は何をしているか』52のチェックリスト …… 211

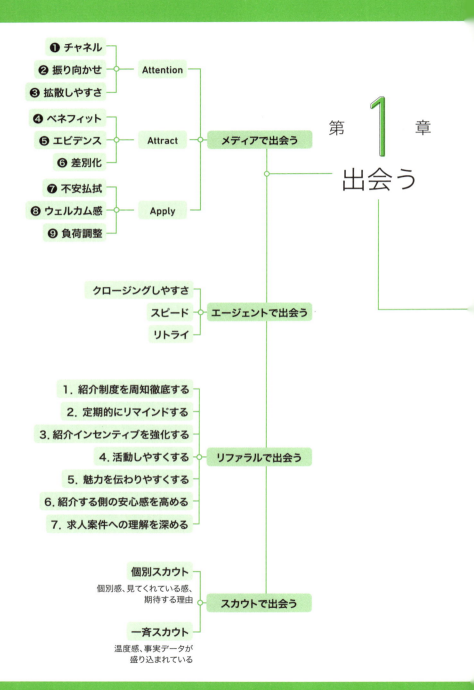

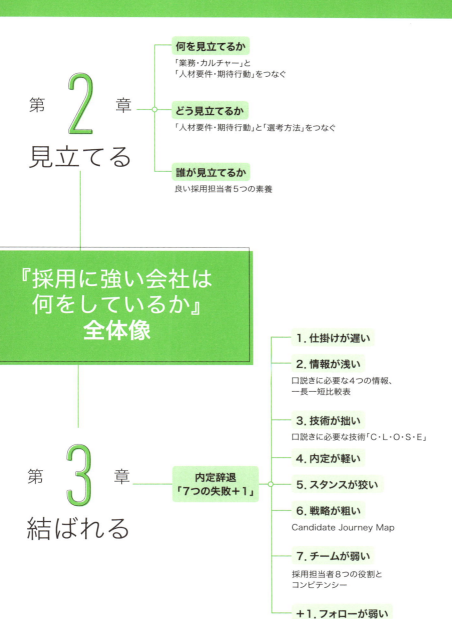

第 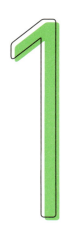 章

出会う

「いい人」に出会える会社は
何をしているか

採用活動における
4つの出会い方

「いい人」とどう出会うか？

　採用活動における出会いは、メディア、エージェント、リファラル、スカウトの4種類に大別できます。本章では、それぞれのポイントを解説していきますが、まずはその概要を説明しておきましょう。

1 メディア経由で出会う

　ここで言う「メディア」には、リクナビなどに代表される求人メディアや企業独自の自社採用サイトだけでなく、採用イベント、SNS、交通広告やDMなども含みます。本章では、採用活動に利用できる**14種類のメディア活用法**について触れます。

2 エージェント経由で出会う

　本章では民間職業紹介にフォーカスして解説します（公共職業安定所、およびエグゼクティブサーチについては取り扱いません）。

求人企業とエージェント（人材紹介会社）との関係性は、売り手市場においてはエージェント優位となります。そのため、彼らに協力してもらうためのコミュニケーションが、より重要になってきます。そこでここでは、**エージェント経由の採用で成否を分ける11の要素**について解説します。

3 リファラル経由で出会う

リファラル採用とは、「従業員からの紹介」による採用のことで、「選考通過率が高い」「採用コストを抑えられる」などの理由で、近年急速に広まった手法です。ここでは、**リファラルを促進する7つの取り組み**について紹介します。

4 スカウト経由で出会う

スカウトメールは個別のやりとりとなるため、他社の動きや工夫がわかりづらい手法です。そこでここでは、スカウト文面の実例とともに、**スカウト文面作成において重要となるポイント**について解説します。

採用活動における4種類の出会い方

メディア　　エージェント　　リファラル　　スカウト

メディア経由での出会いを実現する9つの要素

出会いに大切な「3つのA」

　それではまず、「メディア」を活用した出会いを成功に導く方法について考えていきましょう。採用活動において、マッチする人となかなか出会えずに躓いてしまうケースは少なくありません。どうすればターゲット人材と出会うことができるのでしょうか。

　もしあなたが、「いい人と出会えない」とお困りの場合は、次の**「3つのA（Attention／Attract／Apply）」**において改善の余地がないかを考えてみましょう。

Attention　届けるべき人に届ける施策

　当然のことですが、届けるべき人に情報が届かなければ出会いには至りません。ターゲット人材の視界に入り、自社の求人に気づいてもらうためには、メディアごとの特徴をつかみ、ターゲット人材に効果的にアプローチする必要があります。このフェーズでは、**❶チャネル**、

❷振り向かせ 、❸拡散しやすさ の観点で改善施策を考えることができます。

Attract 惹きつける施策

求人情報はターゲット人材の応募意欲を喚起し、惹きつけるものであることが重要です。その求人が「自分にとって価値がある」「他社にない魅力がある」と認識してもらい、それを信じられるだけの事実情報を提供することは、採用競争で勝つための鉄則です。このフェーズでは、❹ベネフィット 、❺エビデンス 、❻差別化 の観点で改善施策を考えます。

Apply 応募しやすくする施策

意外と見落としがちなのが「応募のしやすさ」です。仕事内容や職場環境において不安を感じさせそうな点があったり、応募のハードルが無駄に高かったりすると、せっかく意欲が高まったターゲット人材に応募の前段階で引き返されてしまうこともあります。このフェーズでは、❼不安払拭 、❽ウェルカム感 、❾負荷調整 の観点で施策を考えます。

それでは、①〜⑨それぞれの施策について、次ページ以降で、一つずつ解説していきましょう。

メディア経由での出会いに大切な「3つのA」

Attention
届けるべき人に届ける施策

Attract
惹きつける施策

Apply
応募しやすくする施策

❶チャネル ▷ P.23
ターゲット人材の視界に入っているか

❷振り向かせ ▷ P.62
「自分のことだ」と感じてもらえているか

❸拡散しやすさ ▷ P.72
人に伝えたくなる仕組みはあるか

❹ベネフィット ▷ P.76
ターゲットに提供できる価値は明確か

❺エビデンス ▷ P.80
ベネフィットを証明する事実を示せているか

❻差別化 ▷ P.83
他社にはない差別化要素があるか

❼不安払拭 ▷ P.86
不安を想定し、先回りして対応できているか

❽ウェルカム感 ▷ P.89
応募を歓迎するムードがあるか

❾負荷調整 ▷ P.91
応募のハードルを無駄に高くしていないか

❶チャネル
ターゲットの視界に入っているか

　採用活動に利用できるチャネルは多種多様。全体を把握するだけでも一苦労です。そこで、以下に「**採用に特化したチャネル**」と「**一般的なチャネル**」を7種類ずつ挙げてみました。次ページ以降で、それぞれのチャネルの特徴について紹介していきます。

採用に活用できるチャネルの例

採用に特化したチャネル	一般的なチャネル
1. 求人サイト・アプリ	1. SNS（企業発信）
2. 自社採用ページ	2. SNS（個人発信）
3. オウンドメディア・人事ブログ	3. WEB広告
4. 自社開催イベント	4. マス広告
5. 合同イベント	5. 屋外広告・交通広告
6. 採用パンフ・冊子	6. 紙DM
7. 採用ノベルティ	7. 業界誌・業界向けメディア

採用に特化したチャネル1

「求人サイト・アプリ」は、求人ポジションごとに比較・検討する

　求人サイト・アプリは、主に以下の種類に大別されます。採用活動に不慣れな企業は「総合型」しか利用していないことがありますが、出会いのチャンスは総合型以外にも多くあるので、機会損失を防ぐためにも、採用ポジションやリソース（予算・工数・自社のネームバリューなど）を踏まえて比較・検討することをおすすめします。

● **総合型**
　総合型は、会員数が多く、幅広い業界・職種・地域に対応していることが特徴です。新卒採用向けの「リクナビ」や「マイナビ」、キャリア採用向けの「リクナビNEXT」「マイナビ転職」「doda（デューダ）」などがこれにあたります。

● **ハイクラス向け**
　ハイクラス向けは、即戦力となるプロフェッショナル人材や高年収層にフォーカスしたもので、「ビズリーチ」「CAREER CARVER（キャリアカーバー）」「AMBI（アンビ）」などのサービスが有名です。新卒採用では、「ワンキャリア」「外資就活ドットコム」などがいわゆる上位校の学生を中心に高い支持を得ています。これらのサービスを利用するユーザー層は「総合型」を利用していないこともあるので、求める人材要件次第では利用を検討してもよいでしょう。

● ビジネスSNS

　多くのスタートアップが利用する「Wantedly（ウォンテッドリー）」、海外を中心にプロフェッショナルが多数利用し、日本でも200万人以上の会員を擁す「LinkedIn（リンクトイン）」などが有名です。従業員が自社の魅力をアピールする投稿ができるほか、有料アカウント契約により候補者データベースの検索、スカウト送信機能などを利用できるようになります。

● WEBサービスからの発展型

　最近の目立った動きとして、ビジネス感度の高い転職潜在層にまでリーチできる記事風求人広告「ジョブオファー」（NewsPicks提供）や、LINEの圧倒的ユーザー数や手軽さを強みとする求人アプリ「LINEキャリア」「LINEバイト」など、有名WEBサービスから発展した求人サービスも増えています。

● その他

　これらのサービス以外にも、逆求人型就活サイト「OfferBox（オファーボックス）」、副業・転職のリファラル採用プラットフォーム「YOU TRUST」、IT人材やクリエイティブ人材の採用に強みを持つ特化型求人サイトなど、ここ数年で多くの採用サービスが生まれています。

求人サイト・アプリのカテゴリの一例

総合型

ハイクラス向け

ビジネスSNS

WEBサービスからの発展型

逆求人型

リファラル採用プラットフォーム

このように多くのサービスが存在しているため、どれを利用すべきか迷うところですが、サービス提供企業ごとに説明資料はあるものの、それらのフォーマットは各社で異なります。そのため、複数のサービスを比較検討する際には、まずは**同じ軸で情報を整理し、比較検討する必要があります。**

具体的には、以下のような情報について、検討しているサービス提供企業ごとに情報をもらい、正しく比較できるようにしましょう。

サービスの比較検討に必要な8つの情報

1	そのサービスを利用した際に採用が見込める人数
2	1 の根拠数値（計算式で示してもらう）
3	想定ターゲット
4	3 の応募を喚起させるコミュニケーション設計（ターゲット人材にどのようなベネフィットを伝えるか）
5	掲載期間
6	総額および採用単価
7	提案いただいたプランにおける商品構成
8	自社がすべきタスク、進行スケジュール

採用に特化したチャネル2
「自社採用ページ」は、自社の採用課題を踏まえ、際立たせる

　自社サイト内に採用ページを持っている企業は多いですが、その9割以上は、企業紹介／事業説明／サービス紹介／仕事紹介／社員紹介／採用担当者からのメッセージ／採用データ、といったスタンダードな構成となっています。

　もちろん定番の内容は欠かせませんが、忘れてはいけないのは、**採用ページは自社の採用上の課題を解決する手段**だということです。自社が採用で困っていることや、成し遂げたいことを踏まえてもう一手間かければ、採用ページの時点から他社にない競争優位を発揮することができます。

　好事例を紹介しましょう。オーダーメイドウェディング事業などを手がける**CRAZY**は「世界で最も人生を祝う企業」「本質的で、美しく、ユニークに」という非常に明快なビジョン・バリューを掲げており、一人ひとりがそれを大切にしています。

　したがって、CRAZYらしさをもって成長していくうえでは、新たな仲間にもそのビジョン・バリューを共感してもらうことが、極めて重要な経営課題・採用課題となります。

　この課題を解決するには、採用ページの段階から丹念に、コンテンツ、ビジュアル、コピーを研ぎ澄まし、自社らしさを理解してもらう必要がありますが、同社の採用ページ[*1]は、まさにそれを体現した事例となっています。自社の世界観をあますことなく伝える内容であると

＊1　CRAZY 採用ページ　https://www.crazy.co.jp/recruit

ともに、採用活動のプロセスすべてがそれらを物語る手段となっており、ターゲット人材の心をつかむうえで効果的なものとなっています。

CRAZY 採用ページ

また、**サイバーエージェント**のオンライン説明会「サイブラリー」[*2]も、自社の採用課題に対する効果的なアプローチとなっています。

　同社は2019年卒採用において、それまで膨大な時間をかけて実施していた会社説明会をWEB上の動画で行うこととし、**学生・企業の双方にとっての「負荷軽減、時間の有効活用」を実現**しています（2019年3月時点では、動画コンテンツだけでなく同社の新卒採用に関する情報がまとまったメディアに発展しています）。

サイバーエージェント「サイブラリー」

*2　サイバーエージェント「サイブラリー」　https://www.cyberagent.co.jp/careers/students/cybrary

もう1社、事例を紹介します。**アサツー ディ・ケイ（ADK）**が2017年卒の新卒採用にて実施した「相棒採用[*3]」です。これは就活生が特設サイトより同社の社員を探し、「この人と働いてみたい！」という社員を指名して選考を受けられる採用方法です。

アサツー ディ・ケイ「相棒採用」

同社プレスリリースによると、「相棒採用」の導入には以下の狙いがあり、まさに**採用課題と採用ページを緻密にリンク**させた事例として参考になります。

- 広報から選考までを一貫した採用プロセスとし、応募者が社員と継続した接点を持つことで、相互に理解を深める機会をつくり、自社のことを知ってもらいロイヤリティを形成する
- ADKにとって会社の顔であり資産である社員一人ひとりが前面に立つことで、彼らを通じ、応募者に自社のリアルな姿を知っ

---

*3　アサツー ディ・ケイ 「相棒採用」 https://www.adk.jp/news/11218

てもらい興味を持ってもらう

　2017年卒採用では100名ほどの社員が相棒社員を務め、**内定応諾率が前年比で27％改善**という驚異的な成果をもたらし、「人で勝負する」というコンセプトをもとに、勝つべくして勝つ採用を実現させています。

採用に特化したチャネル３
「オウンドメディア・人事ブログ」は、蓄積してこそ価値となる

　採用活動は時として長期戦になります。そのため、ターゲット人材に向けた継続的な情報発信は、彼らがキャリアチェンジを思い立った際に自社を想起してもらううえで効果的な施策となります。

　LINEでは、主に2つのブログを運営していますが、「LINE HR BLOG」[*4]では従業員一人ひとりや社内の様子を中心に紹介し、エンジニアブログ「LINE Engineering」[*5]では主に技術者向けの情報を継続的に発信しています。

　一般的に、候補者は**応募前より内定後に熱心に情報収集する**傾向があります。そのため、採用ページに加えて多くの情報が集積されていることは、内定辞退防止などの観点でも大きな武器となります。

　なお、これらの情報源は、自社の従業員が他部署のキーパーソンや業務を知る手段にもなるという副次的な効果もあります。

＊4　LINE「LINE HR BLOG」 http://line-hr.jp
＊5　LINE「LINE Engineering」 https://engineering.linecorp.com/ja/

第1章 出会う 「いい人」に出会える会社は何をしているか

LINE「LINE HR BLOG」

社員や社内の様子を中心に紹介

LINE「LINE Engineering」

技術者向けの情報を継続的に発信

また、フリマアプリを中心に事業を展開している**メルカリ**が運営するコンテンツプラットフォーム「mercan」[*6]は、同業種やスタートアップに留まらず、多くの企業から注目を集めています。

　「mercan」では、同社のバリューやイベントレポート、人事施策の導入背景やエンジニア向け情報など、多くの情報が日常的に発信されており、メルカリを「働く場」として認知してもらううえで大きな役割を果たしていると言えるでしょう。

メルカリ「mercan」

　また、医療ヘルスケア分野で成長している**メドレー**では、自社サイト内のオフィシャルブログと併行して「wantedly」のブログ機能を活用するなどし[*7]、採用市場における認知を高めてきました。同社は、自社に向き合って魅力を探し、効果的な採用広報手法を考え抜いて自社なりの勝ち筋を見出し、設立10年目にして年間100名の採用を実現しています。

＊6　メルカリ「mercan」　https://mercan.mercari.com/
＊7　メドレー「MEDLEY オフィシャルブログ」　https://info.medley.jp
　　　メドレー「私がメドレーに入社した理由」　https://www.wantedly.com/feed/s/medley

メドレー「MEDLEY オフィシャルブログ」

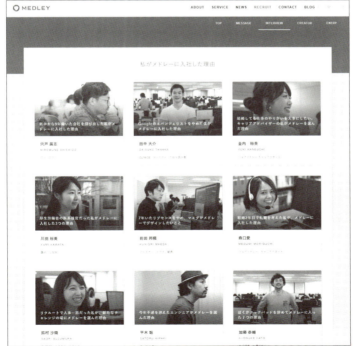

ここでピックアップした3社に限らず共通して言えるのは、総合型メディアをはじめとする**従来の求人サービスが「フロー型」の情報提供**であったのに対し、**オウンドメディア・人事ブログは「ストック型」の情報提供**だということです。一つひとつの記事の品質はもちろん、それまでのストック総量（運営期間・投稿頻度）が価値につながることを認識し、長期的・計画的に運営していくことが、オウンドメディア・人事ブログを成功させるうえでは必要となるでしょう。

採用に特化したチャネル4
「自社開催イベント」は、リアルならではの価値を提供する

　選考が始まる前のイベントやセミナーは、WEBや紙面では伝わりにくい「雰囲気」や「人となり」を伝えるうえで有効な手段となります。ただし、一方的な説明ならWEB上でも可能なため、実施するからには、**リアルな場でしか提供できない価値**が求められます。

　たとえば、新卒採用では多くの企業が趣向を凝らしたイベントを実施するようになってきましたが、その中でも「つくる人を増やす」を理念に掲げる**面白法人カヤック**のイベントは群を抜いており、リアルイベントを企画するうえでの発想のヒントに溢れています。会社説明会をセンター試験形式で実施した「面白センター試験」など、同社が手がける多くの「面白採用キャンペーン」[*8]は、採用担当者であれば一読の価値があるでしょう。

　同社の多くの施策は、一見すると「振り切っていてマネしづらい」という難しさはあります。しかし、基本的には自社の採用課題に向き

＊8　カヤック「面白採用キャンペーン」 https://www.kayac.com/recruit/campaign

合い、その手段として考案していることは大いに見習うべきでしょう。単に「奇をてらって目立つ」ことを目的としているわけではありません。

カヤック「面白採用キャンペーン」

キャリア採用においては、「ミートアップ」を開催する企業が増えています。「説明会・セミナー」というと堅苦しく、参加へのハードルが高く感じてしまいますが、ミートアップは食事をしながら社員とカジュアルに話す形式のものが多く、気軽に参加しやすくなります。
　たとえば、**コナミデジタルエンタテインメント**では、次ページのように当日の様子がイメージしやすいように内容を告知し、ミートアップを開催しています。

　ミートアップの人数規模は10～20名程度が主流で、「ワーキングマザー向け」「サービスプランナー向け」「金融業界出身者向け」など**対象やテーマを小分けにして実施しやすい**というメリットがあります。
　一方で、「求める人材要件にマッチしない人が多いと、採用につながりづらい」「参加者が転職活動中の人たちばかりではない」といったリスクもあります。
　そのため、事前に応募フォームを設けて在籍企業・業務内容、転職意向の程度感を送信してもらい、よりマッチしそうな人に参加してもらうなど、**リスクを小さく抑える工夫**が必要となるでしょう。
　なお、ミートアップのコンテンツの多くは、次の三本柱で構成されています。

- 企業・事業の説明
- 募集ポジションの説明
- 従業員・参加者同士の交流・懇親

コナミデジタルエンタテインメント
「KONAMI CREATOR'S Meetup! #01」 〜野球コンテンツ編〜

開催概要

日時	2018年6月26日（火） 19：30〜21：30
スケジュール	19：00〜19：30　受付 19：30〜20：30　エグゼクティブディレクター・プロデューサーによる開発秘話 20：30〜21：30　懇親会（立食形式）
登壇者	谷渕 弘氏 『実況パワフルプロ野球』シリーズ エグゼクティブディレクター 山本 拓氏 モバイルゲーム『実況パワフルプロ野球』プロデューサー 山口 剛氏 『実況パワフルプロ野球2018』プロデューサー 丸山 大輔氏 『プロ野球スピリッツA』プロデューサー ※会場にはその他の開発スタッフも同席予定です。
参加対象者	ゲーム制作の実務経験者（ディレクター・プランナーなどの企画職、またはディレクター・プランナーなどの企画職を目指す人）
定員	20名 ※定員を超えた場合は抽選となります。
持ち物	名刺2枚 （受付時に名刺を1枚お預かりいたします。）
服装	軽装でお越しください。
参加費	無料
会場	株式会社コナミデジタルエンタテインメント　本社 東京都港区赤坂9-7-2　東京ミッドタウン・イースト 地図はこちら

採用に特化したチャネル5

「合同イベント」は、5つのCで勝負する

　合同イベントとは、ここでは求人サービス提供企業(リクナビ、マイナビなど)が開催元となるイベントを指します。「自社単独でイベントを開催しても、人が来てくれるか不安」という企業にとっても、ブース出展型大規模合同イベントであれば、少なくとも候補者の視界に入るきっかけは得られます。

　一方で、合同企業説明会は企業ごとのネームバリュー格差がブースへの集客数として可視化される、残酷な場でもあります。あまり知られていない企業が無策で乗り込んでも実りは少ないので、出展するからには十分に事前対策をして臨みましょう。

　合同イベントで候補者の興味を引き、ブースへの来場率を高めるためには、次の**「5つのC」**における工夫が必要です。合同イベントに参加しても来場者と接点を持てない(ブースに立ち寄ってくれない)と悩んでいる場合は、それぞれの「C」において改善の余地がないかどうかを今一度考えてみましょう。

　右ページ下の**もろおか薬品**のように、合同企業説明会の参加者に親しみやすさを感じてもらうために創意工夫する姿勢は、採用担当者であればぜひ見習いたいところです。

第 1 章　出会う　「いい人」に出会える会社は何をしているか

ブースへの来場率を高める5つのC

1. Curiosity
（好奇心）

興味・関心を引くような仕掛けはあるか
（例：誘い文句に他社にない魅力を入れる）

2. Character
（キャラクター）

親しみやすさはあるか
（例：好感を持たれる担当者をアサインする）

3. Color
（カラー）

ブース内の色味や装飾は目を引くか
（例：殺風景にならないように装飾する）

4. Call
（呼びかけ）

振り向いてもらえるように呼びかけているか
（例：参加者に声をかける）

5. Cautiousness
（警戒心）

警戒心を高めてしまうような「圧」はないか
（例：しつこくしない、意気込みすぎない）

もろおか薬品　学内企業説明会のブース

採用に特化したチャネル6

「採用パンフ・冊子」は、手元に持っておきたい宝物を目指す

　スマートフォンでも採用サイトが閲覧可能な今、採用パンフ・冊子は、採用サイトと同じ情報ではなく、**その企業の考えやビジョンを示して世界観に引きこまれるような「作品」でなければ無価値**です。触れる・手元に保管しておけるという特性を活かし、ターゲット人材の心をガッチリつかむツールとして機能することを目指しましょう。

　ここで紹介したい好事例は、**ユーザベース**の小冊子「31の約束（31 PROMISES）[*9]」です。このポケットサイズの冊子は、同社が大切にする「7つのルール」と「31の約束」を伝えるツールとして、非常に効果的に機能しています。

　具体的には31の約束それぞれについて、右ページに「DO」として体現できているシーンが、左ページに「DON'T」として体現できていないシーンがビジュアルとともに載せてあり、構成も「見開き」という紙媒体の特性を活かしたものになっています（→右ページ）。

　表紙の手触り・デザインの良さ、またユーザベースに入社しなかったとしても「社会人として大事にしたい」と感じられる31の行動指針は、手元に置いておきたいと思わせるには十分なつくりとなっており、同社の採用ブランド向上に大きく貢献していることがうかがえます。

　インターネットの広まりにより採用パンフ・冊子をつくる企業は減りましたが、**紙はその威力を失ったわけではありません**。むしろ、多くの企業が採用サイトにシフトした今だからこそ、存在感を持たせるための有効なツールだと言えるでしょう。

＊9　ユーザベース「DO」と「DON'T」で自社のバリューを明文化。ユーザベース「31の約束」の存在意義　https://seleck.cc/1284

第 1 章 出会う 「いい人」に出会える会社は何をしているか

ユーザベース「31 PROMISES」

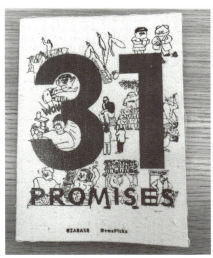

採用に特化したチャネル7
「採用ノベルティ」は、人に伝えたくなるものをこしらえる

　採用に特化したチャネルとして、最後に「採用ノベルティ」の効果的な活用法について紹介します。

　採用パンフ・冊子と同様、ノベルティも企業の考えやビジョンを表すものでなければ「捨てづらいゴミ」となります。だからこそ、**贈りものとして嬉しく、思わず人に伝えたくなるようなクオリティでこしらえる**必要があるでしょう。

　たとえば、2008年卒の新卒採用の際に、**リクルートメディアコミュニケーションズ**(現リクルートコミュニケーションズ)がつくった採用ノベルティ「愛してる が、うまく書けるえんぴつ」は、まさにこれに該当する事例です。

　この鉛筆は「コミュニケーションで人を動かす(CREATE NEW COMMUNICATION)」という同社の考えを見事に体現してみせたツールです。贈られた人は思わず「愛してる」と書きたくなる魔法にかかってしまい(実際に書いてしまい)、気づいた時には、自身がコミュニケーションで動いたことを実感しているわけです。

リクルートメディアコミュニケーションズ
「愛してる が、うまく書けるえんぴつ」

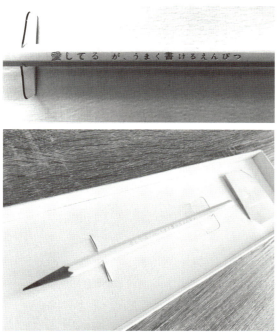

一般的なチャネル1
「SNS（企業発信）」は、
地道に磨き上げていく覚悟が必須

　続いて、一般的なチャネルを採用に活用している事例を見ていきます。ここで挙げる7つのチャネルの効果・コスト感はそれぞれ異なりますが、自社の採用課題に適したものであれば検討する価値はあるでしょう。

　ここ数年でよく見られるようになったのは、FacebookやTwitterなどを活用し、採用広報を目的として求人企業が情報発信するパターンです。しかし、これらの採用系アカウントは「SNSに詳しい特定の社員に任せたきりとなり、気づいたら廃れていた」というケースが少なくありません。

　そのため、SNSの企業ページ・企業アカウントを採用広報の手段として効果的なものとするには、**チームとして継続的に育てていく**必要があります。

　なお、SNSを効果的な採用広報ツールに育てあげた事例としては、2013年に運用が始まった**アマゾンジャパン**のFacebookページ「Inside Amazon」[*10]が挙げられるでしょう。各部門の採用担当者たちがチームで週1～2回の情報発信を地道に6年以上「継続」した結果、このFacebookページは2019年3月時点でフォロワー数12万人にまで成長しています。

＊10　アマゾンジャパン「Inside Japan」　https://www.facebook.com/AmazonJapanCareer

アマゾンジャパン
Facebookページ「Inside Amazon」

一般的なチャネル2
「SNS（個人発信）」は、
従業員を信じる企業の特権

　2018年あたりから急速に増えてきたのが、従業員がSNS（個人アカウント）を活用して「自社の採用情報を発信する」「就職希望者の質問に答える」「自分の仕事を紹介する」「退職時に在籍中の思い出を語る」といったケースです。

　このようにインターネットという開かれた場において、候補者と採用担当者、あるいは事業・開発現場の最前線にいる従業員たちが双方向にコミュニケーションすることによって、最近は**採用情報だけでなく、カルチャーや人となりまでもが伝わる**ようになりました。

　たとえば、**ZOZOテクノロジーズ**においては、Twitter上で「#ZOZO Tech質問会」や「#zozoは楽しく働く」などのハッシュタグをつくり、気軽なコミュニケーションの場をつくっています。

　従業員のSNS投稿においては、（従業員を信じていないかのような）過剰なソーシャルメディアガイドラインを設けて制限する企業が多いなか、同社での企業と従業員との良好な関係性をここから垣間見ることができます。

　SNS上でのこのようなアプローチは、**従業員を信じて任せられる企業の特権**と言えるでしょう。

第 1 章　出会う　「いい人」に出会える会社は何をしているか

#ZOZOTech 質問会

従業員と候補者の気軽なコミュニケーションの場をつくっている

49

一般的なチャネル3

「WEB広告」は、ターゲットの属性次第で強力なツールとなる

　ターゲット人材に効果的にリーチできるのであれば、**WEB広告の活用**も視野に入れたいところです。WEBマーケティングの技術は日々進化しており、細かく設定したターゲット属性に対してダイレクトに広告を配信できるようになってきています。

　たとえば、オフィスターゲティング配信のように、特定の企業・学校に絞って広告を表示する仕組みもあり「ターゲット人材が多くいそうなA社の社員に自社求人を知って欲しい」といったニーズにも対応可能となっています。

　同様に、FacebookのようなSNS上に表示される広告も、ターゲットの絞り込み機能が充実しています。年齢・性別・地域はもちろん、Facebook上でユーザーが登録している「関心のある分野」「勤務先企業」などの情報をもとに広告を配信できるので、ターゲット属性次第では、採用活動のマーケティングツールとして十分に機能します。

　ほかにもWEB広告には、**自社採用ページに誘導しやすい、求人サイト掲載ほどコストが掛からない（ことが多い）、分析・効果検証しやすい**といった利点もありますので、既存の手法でなかなか効果が出ない場合は従来の採用広告予算を再配分して、一度試してみるのもいいでしょう。

Facebookの広告配信画面

一般的なチャネル4
「マス広告」は、存在感を示す飛び道具

　好景気になり採用競争が厳しくなってくると、(多くはありませんが)求人においてもマス広告が使われることがあります。マス広告は求人広告に必要不可欠な「メッセージ」を幅広く伝えるうえで強力な手段だと言えるでしょう。求人サイトなどの手法と比較した際に費用が気になるところですが、予算が許せば一度挑戦してみたい採用担当者も多いのではないでしょうか。

　伊藤忠商事のテレビCM [*11] はわかりやすい事例のひとつです。もともとは、投資家を対象にイメージが湧きづらい総合商社の働きぶりを伝える目的で始まったものだそうですが、就活生に近い入社1年目社員の姿を伝えたことで、同社で働くイメージができ、採用においても効果的な施策となっています。

　また、**ヤフー**においても大分センターの採用で地域限定のテレビCM [*12] を放映し、ターゲットエリアにおける認知拡大に努めていることがうかがえます。

　ほかにも、2012年には**ファーストリテイリング**が、2017年には**メルカリ**が日本経済新聞で15段の求人広告を掲載するなど、挑戦的な試みをしています(→54・55ページ)。

　メルカリの真っ赤な広告はアイキャッチが強いだけでなく、コピーにおいても同社の魅力を短いながらも丹念に伝えており、同社の求人の存在感を示すことに成功しています。

---

*11　伊藤忠商事 はじめての使命「新人たちの一年篇」　https://youtu.be/NR84MC1vkgE
*12　ヤフー 人財採用「大分編」　https://youtu.be/y7H1VStHdUU

伊藤忠商事「はじめての使命 "新人たちの一年篇"」

柴田悠太郎
（エネルギー・化学品カンパニー 原重油課）

ヤフー「人財採用 "大分編"」

ファーストリテイリング 新聞広告

出典：「kitchen Sink.」 http://www.kitchensink.co.jp

第 1 章　出会う　「いい人」に出会える会社は何をしているか

メルカリ 新聞広告

出典：「宣伝会議デジタルマガジン ブレーン」 https://mag.sendenkaigi.com/brain/

一般的なチャネル5

「屋外広告・交通広告」は、WEBとの連動で距離的制約を越える

　屋外・交通広告は、その「場所」によってある程度ターゲティングができるチャネルです。特に交通広告は、新卒採用であれば「ターゲット人材の多い大学の最寄駅」に、キャリア採用であれば「ターゲット人材が多くいる企業の通勤沿線」などに広告を露出することで、候補者へ効果的にリーチできるでしょう。

　たとえば、2017年に話題になったのが、**トヨタ自動車**が展開したJR南武線10駅における求人広告です。この広告キャンペーンは、南武線沿線の企業・研究所に勤務する「ITエンジニア・研究者」にメッセージを届けるために行われました。

　また、この事例では、オンラインとの連動も効果的なものとなりました。沿線勤務のターゲット人材からの認知を得つつも、インパクトのある広告がSNSでシェアされたことで多くの人の目に触れることとなり、南武線沿線勤務ではないターゲット人材へもリーチできました。交通広告は範囲が限定されてしまうと考えられがちですが、このように広告クリエイティブやオンライン上で話題を呼ぶような工夫によって、多くのターゲットに届けることが可能です。

　なお、このようなキャンペーンは「ブランド力があるトヨタだからできた」という点は否めませんが、**そこで思考停止せずに「自社であればどのような工夫ができるか」と考える**ことこそが、採用担当者の腕の見せどころとなるでしょう。

第 1 章 出会う 「いい人」に出会える会社は何をしているか

トヨタ自動車 南武線求人広告

写真提供：朝日新聞社ⓒ

一般的なチャネル6

「紙DM」は、今や WEB-DMよりも効果的なツールとなりうる

　WEB-DMを送れる求人サイト・アプリは多いですが、その届く量の多さにうんざりしているという声はよく聞かれます。

　特に新卒採用では、大手ナビサイトのオープン日には100通を超えるDMを受け取る学生もいるため、その多くは開封されないまま終わります。中途採用サイトにおけるWEB-DMも同様で、よほどの人気企業でなければ開封率1％未満ということも珍しくありません。

　一方、1990年代までの主流メディアであった紙のDMは、WEB-DMが増えたことと反比例するかのように数が減りました。ここに着目して、紙DMを送付して認知を得るという戦術もあります。なぜなら、今や一周回ってWEB上のメールボックスよりも、自宅の郵便ポストのほうが届きやすい状況となっているからです。

　紙DM発送の際に必要となるターゲット層の住所データの入手は困難ですが、発送代行をしている求人サイトもありますので、WEB-DMで効果があがらない場合は一度相談してみてはいかがでしょうか。中には、大学生協に依頼して、ターゲット大学・学部ごとに紙DMの発送代行を依頼している企業もあります。

　なお、紙DMでは**「ポストからゴミ箱までの短い時間」が勝負**となります。そのため、封書よりもハガキ（開封しなくても目に触れる）、端的で興味深いメッセージ、QRコードによるエントリー画面への誘導など、クリエイティブ面での工夫は必須です。くれぐれも「ゴミ」を送らないように気をつけましょう。

一般的なチャネル7
「業界誌・業界向けメディア」は、潜在層を顕在化させる手段

　キャリア採用では、必ずしもターゲット人材が転職活動中とは限りません。「何かきっかけがあれば動く」という潜在層も多く存在します。

　一方で、求人サイトなどのユーザーは転職にアクティブな顕在層であるため、潜在層にメッセージを届けることは困難です（とはいえ、潜在層にリーチするためにマス広告を利用するのは、予算の点で現実的でないことがほとんどでしょう）。

　そのような際には、業界誌・業界向けメディアを活用し、**業種や職種をセグメントしつつ、潜在層にまでリーチする**という方法があります。

　ここでは、アマゾンジャパンの事例を紹介しましょう。アマゾンというとインターネットのイメージが先行するかと思いますが、同社は物流・ロジスティクスにおいても世界屈指の競争力を誇っています。その物流・ロジスティクスの戦略拠点であるフルフィルメントセンター内では、製造現場ではおなじみの「KAIZEN」「安全」「5S（整理・整頓・清潔・清掃・躾）」「QC活動」などへの取り組みが盛んであり、実は製造現場で培ってきた人の知見が活かされます。

　ところが、製造業出身の方は製造業をネクストキャリアとして考えることが多いため、彼らの転職先候補としてアマゾンを認知してもらうことは、なかなか難しい状況にありました。

そこで、**ターゲット人材がやってくるのを待つのではなく、彼らがいる場所に飛び込んで存在感を示そう**という考えに基づき実現したのが、業界誌『月刊 工場管理』(日刊工業新聞社)とのコラボレーション企画です。

アマゾンジャパン
業界誌『月刊 工場管理』とのコラボレーション

出典:『月刊 工場管理』(日刊工業新聞社)2013年1月号

この施策において、同社は月ごとに「製造業出身の社員インタビュー」を広告記事として連続掲載するとともに、「製造業従事者向けセミナー」を日刊工業新聞社と共催することで、アマゾンにおいて製造業経験が活かせることを、ターゲット人材に丹念に伝えています。

なお、こうした業界向けメディアとしては、特定の職種に対して情報提供しているWEBサイトもあります。たとえば、コールセンター従事者がユーザーとなる、リックテレコムが運営する「CALL CENTER JAPAN」[*13]もそのひとつです。

このようなサイトの中には、サイト会員にメルマガやDMを送付しているものがあるほか、メルマガ内で広告枠が用意されている場合もあるので、気になるメディアがある場合は相談してみることをおすすめします。メディアによっては一般的な求人サイトのDM発送費用よりも数段安価で、しかも数千、数万通という単位で送信できることがあります。

CRM・コールセンター向け情報サイト「CALL CENTER JAPAN」

*13　リックテレコム　「CALL CENTER JAPAN」　https://callcenter-japan.com/

❷振り向かせ
「自分のことだ」と感じてもらえているか

　❶チャネルでは、"どこで伝えるか"について解説しましたが、ターゲット人材を惹きつけるにはそれだけでは不十分です。ターゲット人材の目に触れた際に**"何を伝えるか"**も大切になります。

　特に目に触れたメッセージを「まさに自分に向けられたメッセージだ」と認識してもらうことが、人を動かすうえでは重要です。

　食品や日常消費財など「ターゲットでなくても購入・利用してもらえればOK。なるべく多くの人に売れることを目指す」という商品の広告においては、自分たち（商品・サービス）を主体としてなるべく広く訴えかけるアプローチを取りますが、求人メッセージでは異なるアプローチが必要となります。

　多くの採用担当者の方はすでにご認識かと思いますが、いくら応募があっても、そのうち最終合格者となる人はごくわずかです。職種によっては、応募人数のうち入社に至る人数が1％未満ということもあるでしょう。

　選考過程において多くの無駄が発生している（人材要件にマッチしない人を動かしてしまっている）ことは、候補者・求人企業の双方にとって望ましい状況ではなく、求人企業には**ターゲット人材のみが振り向くコミュニケーション**が求められていると言えます。

　それでは、ターゲット人材のみに振り向いてもらうにはどうすればよいのでしょうか。ここでは次の3パターンを紹介します。

採用における「振り向かせ方」3パターン

a 経験で振り向かせる：「○○経験をお持ちの方」
b 欲求・悩みで振り向かせる：「○○を求めている方」「○○でお悩みの方」
c 共感で振り向かせる：「あなたも○○なんじゃないですか？」

　これらがターゲット人材を振り向かせたい時の基本となります。それぞれについて、より詳しく解説していきましょう。

a 経験で振り向かせる

　1つめは「経験」です。これは、中途採用のように求める人材像や経験が明確な場合に有効な手段です。

　少し前の事例ですが、求人情報誌『B-ing』に掲載された**共和証券**の求人広告は、その際たるものと言えます（→64ページ）。力強く真摯なメッセージとあわせ、**ターゲット人材は振り向く。ターゲット人材以外はまったく振り向かない**という基本を体現できている、見事なコミュニケーションと言えるでしょう。

　また、「経験＝実務経験」とは限りません。**レッドバロン**は新卒採用において「バイク好き」な学生をターゲットに、バイク好きであればピンとくる経験・エピソードで訴求しています（→65ページ）。

　このように特定の人材が思わず反応してしまう「経験」は、ターゲット人材を振り向かせる強い訴求ポイントとなります。

共和証券 求人広告

出典:『B-ing 関東版9315号』(リクルート社)

第 1 章 出会う 「いい人」に出会える会社は何をしているか

レッドバロン 採用ポスター

出典：『人生広告年鑑2007』（リクルート社）

b 欲求・悩みで振り向かせる

　採用広報は、**人生を動かすコミュニケーション**となります。人生を動かすためには、動くべき人の心の機微を正しくとらえ、強く訴えかける必要があります。

　このとき、「人が持つ欲求」について広く押さえておくと発想の幅が広がります。そこで、ここでは「マレーの心理発生的欲求リスト」[*14]と「59欲求の分類と構造化の試み」[*15]を参考に、私が採用におけるアピールポイントとして活かせそうなものをリストにまとめました。どのような欲求に訴えたらいいかわからない際は、参考にしてみてください。

採用におけるアピールポイントの
参考になる欲求リスト

分類	欲求の種類		採用における アピールポイント
やりがい・成長	顕示欲求	他人の注意を引きたい、楽しませたり、感動やショックを与えたい	人に影響を与える仕事
	指導欲求	リーダーシップを発揮して、集団をまとめたい	リーダーとしての期待
	自己顕示欲求	注目を集めて、みんなの評判になりたい	世間的に注目を浴びている会社
	自己成長欲求	自分自身を充実、成長させたい	どんどん成長できる会社
	社会貢献欲求	住みよい社会をつくるために貢献したい	社会貢献度の高い仕事
	達成欲求	困難を乗り越えて成功したい、難しいことをやり遂げたい	難しいことに挑戦している事業

*14　心理学者。Henry Alexander Murray（May 13, 1893 〜 June 23, 1988）
*15　白梅学園短期大学の荻野七重教授、立正大学文学部の齊藤勇教授による、マレーの心理発生的欲求の分類にさらに多数の欲求を加え、59欲求に分類・構造化したもの

分類	欲求	説明	会社の特徴
やりがい・成長	知識欲求	勉強して知識を増やし、多くのことを学びたい	多くのことが学べる仕事
	挑戦欲求	困難なことでも挑戦したい	難しいことにチャレンジする会社
	認知欲求	知りたい、理解したい、好奇心を満足させたい	未知の世界をのぞける仕事
	養護欲求	困っている人を助けたい、寄り添いたい、保護したい	困っている人を助ける仕事
	流行欲求	流行の先端のモノを手に入れたい	流行のものに触れられる仕事
人	恭順欲求	信頼できる指導者に従いたい	信頼できる上司や先輩がいる会社
	趣味欲求	生きがいのために、趣味を持ち続けたい	趣味を大切にしている社員が多い会社
	集団貢献欲求	所属している集団のために、全力を尽くしたい	社員一人ひとりのコミットメントが強い会社
	親和欲求	他人と交流したい、集団に加わりたい、仲良くなりたい	従業員同士の仲の良さ
	服従欲求	優秀な人を賞賛して彼らに従いたい、協力したい、仕えたい	優秀な先輩や上司がいる
働き方・カルチャー	愛情欲求	愛する人のために行動したい	家族や大好きな同僚のためにがんばる社員が多い
	安心欲求	失敗しそうなことは避けて、安心なほうを選びたい	無理なチャレンジよりも安全な方法を選ぶカルチャー
	気楽欲求	無理をせずに、のんびりと人生を送りたい	無理なく働きやすい会社
	競争欲求	他人と争いたい	競い合えるライバルがたくさんいる会社
	協力欲求	何事もみんなで分担して、協力し合いたい	社員同士が協力し合うカルチャー

働き方・カルチャー	教授欲求	自分の得意分野について、先生として人に教えたい	自分が得意なことを教え合うカルチャー
	屈辱回避欲求	失敗して笑われたくない、屈辱や恥ずかしさを避けたい	挑戦の結果としての失敗を讃えるカルチャー
	持続欲求	最後まで根気よく続けたい	粘り強さが求められる仕事
	自己実現欲求	人生計画をしっかりたてて、日々努力したい	一人ひとりのキャリアを応援するカルチャー
	自己主張欲求	自分が正しいと思ったことは主張したい	年齢に関係なく、言いたいことを言いやすいカルチャー
	自由欲求	何にも縛られることなく、自由な生活をしたい	余計なルールが少ない会社
	自律欲求	他人の影響や支配に抵抗したい、独立したい	自律的なワークスタイル
	承認欲求	認められたい、自慢したい、尊敬されたい	表彰制度、褒めるカルチャー
	対立欲求	他人と違った行動をとりたい、ユニークな存在でいたい	仕事における個性の発揮のしやすさ
	同調欲求	仲間と一緒に同じことをしたい	(いい意味で)特別なことは求められないカルチャー
	非難回避欲求	法律やルールに従いたい、処罰や追放を避けたい	コンプライアンスを重視し、徹底する姿勢
	不可侵欲求	自尊心を傷つけられたくない、批判から逃れたい	お互いを尊重し合うカルチャー
	愉楽欲求	みんなと一緒にワイワイ騒ぎたい	和気あいあいとした社風
	遊戯欲求	リラックスしたい、気晴らししたい、楽しみたい、娯楽を求めたい	仕事を楽しもうとするカルチャー

地位・名声	権力欲求	社会で活躍できるような、地位と権力が欲しい	責任のあるポジションの募集
	自己開示欲求	多くの人に、自分のことを知ってほしい	仕事を通じて有名になれる
	名誉欲求	社会的に名誉のある地位につきたい	重要なポジションの募集
待遇	獲得欲求	お金や財産、いろいろなモノを手に入れたい	給与がいい
	生活安定欲求	安定した生活を送りたい	安定した生活を送りやすい
	優越欲求	他人よりも優れていたい、社会的地位を向上させたい	会社のブランド、ポジションの高さ、給与の高さ
その他	中和欲求	失敗をリベンジしたい、弱さを克服して名誉を守りたい	過去のキャリアに納得できていなくてもやり直せる会社
	迷惑回避欲求	人に迷惑をかけないようにしたい	人に迷惑をかけない仕事

C 共感で振り向かせる

　一般的に求職者は企業との距離を遠く感じてしまうものですが、「そうそう！　あるある！　わかる！」と思わせるメッセージは、心の距離を近づけるうえで最高のアプローチとなります。

　たとえば、**キムラユニティー**の「『言われたことを言われたとおりやるのが得意です』って、どうして言い出せなかったんだろう。」というコピーは、ターゲット人材との心の距離をうまく近づけた事例だと言えるでしょう。

　就職活動の面接では、多くの場合「やりたいこと」を聞かれるため、「自分はやりたいことが明確にあるわけではない。リーダーとして人を引っ張っていくことは苦手。だからといって不真面目というわけではなくて、言われたことをコツコツこなしていくのは得意。でも、こういうことを面接で正直に言うと不合格にされてしまいそう……」と心の声を封印し、ポジティブな自分を演じてしまいがちです。

　同社の求人メッセージでは、そのようなターゲット人材の心情を踏まえ、「言われたとおりにやるのが得意な自分」を活かせることを伝えるとともに、就職・転職活動ではネガティブに受け取られてしまいそうな心の声を認めてあげることで、ターゲット人材との距離を縮めることに成功しているのではないでしょうか。

第 1 章 出会う 「いい人」に出会える会社は何をしているか

キムラユニティー 求人広告

「言われたことを言われたとおりやるのが得意です」って、どうして言い出せなかったんだろう。

出典：『タウンワーク 2006年刊行号』（リクルート社）

❸拡散しやすさ
人に伝えたくなる仕組みはあるか

　求人情報が話題になって広くシェアされると、よりターゲット人材に届きやすくなります。シェアやバズは、一見するとたまたま起こっているようにも見えますが、ある程度までは意図的に実現可能です。
　その際には、**「役に立つ」**か**「面白い」、どちらかの価値が必要不可欠**となってきます。たとえば、LIGが2012年に書いた求人記事「伝説のWEBデザイナー*16」はその面白さから話題となった事例のひとつです。この記事は、待遇や仕事内容で差別化が難しいWEBデザイナー求人の中で高い認知を得ることを実現させ、同社のプレゼンス向上にも一役買いました。

　また、手前味噌で恐縮ですが、LINEの人事職採用においては人事職の方々の役に立つ「LINEに入社して考えた、人事戦略と組織能力のこと」という記事を私が書き、その最後を自部署の求人情報で締めくくりました。
　これは、数社の人事担当者有志により運営される「ベンチャー採用Advent Calendar 2018*18」において、私がnote*19に書いたものです。読者の多くが自部署の採用ターゲットであることが明らかだったため、お役立ちコンテンツと自社求人を両立させたコンテンツとして投稿しました。結果、FacebookやTwitterでシェアされ、note上で「先週もっとも多く読まれたノートの1つ」になり、求人情報の認知向上につな

---

*16　LIG 「伝説のWEBデザイナー」 http://liginc.co.jp/recruit/legend-designer
*17　note「LINEに入社して考えた、人事戦略と組織能力のこと」 https://note.mu/aotatsutomu/n/n610cef9a701d

第 1 章 出会う 「いい人」に出会える会社は何をしているか

LIG「伝説の WEB デザイナー」

①

「！？　なんのつもりだ！さっさとここから出せ！」

④

「新しく**ウェブデザイナーを雇う**こと。それが望みよ」

②

「社長。俺達の言う事さえ聞いてくれたらすぐにでも出しますよ。」

⑤

「**ウェブデザイナーを雇うだと？！**…だからって、何故こんな事を…！！」

③

「お前達の言う事だと…**一体何が望みだ？**」

⑥

「………………」

＊18 「ベンチャー採用 Advent Calendar 2018」 https://adventar.org/calendars/3497
＊19 「note」 https://note.mu/

がりました。

　さらに同社では、従業員たちが自身の仕事やそのやりがい、職場環境などについて、noteなどを活用して自発的に発信する動きが起きており、広告では伝わりにくいリアルな声を届けています（その際、採用担当者は依頼があれば記載の事実に誤りがないかを確認するのみで、彼らのアクションを尊重し、書いている内容そのものには口を出さないスタンスをとっています）。

　「シェアされるような内容を発信できる技術も自信もない、なんだか難しそう……」と気後れしてしまう方もいるかもしれませんが、最初からホームラン級の当たりを狙わず、まずは自社なり・自分なりに発信できそうなものを考えてみてはいかがでしょうか。==技術や感覚は、反響を確認しながら何度もトライしていくことで次第に身につき、磨かれていくもの==です。

「LINEに入社して考えた、人事戦略と組織能力のこと」

第 1 章 出会う 「いい人」に出会える会社は何をしているか

LINE 従業員による自発的な情報発信の一例

❹ベネフィット
ターゲットに提供できる価値は明確か

　ここまで解説した **❶チャネル**、**❷振り向かせ**、**❸拡散しやすさ** によるターゲット人材からのAttention獲得と同時に注力したいのがAttract（候補者を惹きつける施策）です。

　Attractにおいては、**❹ベネフィット**、**❺エビデンス**、**❻差別化** の３つの要素が大切になります。コミュニケーションを通じて、彼らに「ベネフィット」を理解してもらい、それを信じてもらうための「エビデンス」を示し、他社との「差別化」ができなければ、競争優位にはつながりません。この３点を意識し、自社ならではの魅力を伝えることを心がけましょう。

　まずは「ベネフィット」からです。求人の際に自社の都合を一方的に発信するだけでは、コミュニケーションとしては不十分です。自社の求人情報を発信する際、採用担当者は**ターゲット人材の視点に立つことを徹底し、彼らにとってのベネフィットを伝えていく**必要があります。

　たとえば、次の事例をご覧ください。これはとある求人サイトに掲載されていた実際の募集タイトルですが、それぞれが「自分目線」のみにとどまっているか、しっかりと「相手目線」に立てているかは一目瞭然でしょう。

ベネフィットを打ち出せている事例、打ち出せていない事例

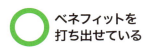
- 「未経験から人事・採用スキルをGET！採用アシスタント（リサーチャー）募集！」
- 「リモートワークOK！ Web会議サービスのカスタマーサポート・スタッフを求む」

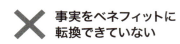
- 「急成長のベンチャーで事業を牽引する法務メンバーを求む！！」
- 「コンタクトセンター立ち上げ中です！」

　事実をベネフィットに転換できていない上記2つの事例は、ただ単に自社の都合を突きつけているだけで、ターゲット人材にとってのベネフィットが伝わりづらいものになってしまっています。

　「急成長中のベンチャーで事業を牽引する法務」とは一般的な法務職と違いどのような魅力があるのか、「コンタクトセンター立ち上げ中」であれば、どのようなやりがいが得られるのか、相手のベネフィットに転換して伝えていく必要があるでしょう。

　それでは、ターゲット目線に立ち、自社の求人におけるベネフィットをうまく提示できている事例をいくつか紹介します。

　多摩中央信用金庫（現 多摩信用金庫）の求人広告は、「ぜったい世界にはばたかないたましん。」というキャッチコピーや、「びっくりするような転勤はありませんよ。」と話している素朴なイラストによって、「これまでの金融キャリアは活かしたいけど、転勤続きで国内を家族

と転々とするようなハードな生活はそろそろ終わらせたい（できれば都内で）」と考えているターゲットの気持ちをつかんでいます。

ベネフィットを示せている事例①
「多摩中央信用金庫」

『B-ing 関東版9210号』（リクルート社）

そのほかにも、**第一興商販売**の「お昼まで寝ていられる」というベネフィット、**ハイアット・リージェンシー・オーサカ**（現 ハイアット リージェンシー大阪）の「料理人としての経歴にハクがつく」というベネフィットなど、求人ごとのターゲットに応じたベネフィットを考え伝えていくことは、採用コミュニケーションにおける基本中の基本だと言えるでしょう。

第 1 章　出会う　「いい人」に出会える会社は何をしているか

ベネフィットを示せている事例②
「第一興商販売」「ハイアット・リージェンシー・オーサカ」

出典：『B-ing 関東版0009号』（リクルート社）

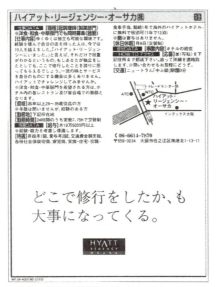

出典：『B-ing 関西版0034号』（リクルート社）

79

❺ エビデンス
ベネフィットを証明する事実を示せているか

「実力主義」「従業員のワークライフバランスを尊重」「未経験からでも管理会計の基礎が身につく」などのベネフィットをアピールし、それを実感してもらうには、**「事実」をあわせて伝える**ことが効果的です。

たとえば、実力主義を掲げる企業は多いですが、その程度感はさまざまです。ユニクロなどを展開する**ファーストリテイリング**も実力主義を掲げる企業のうちの一社ですが、同社は「グレード別の給与額および年齢」を公開し、実力主義を掲げる他社が追随できないほどの強い事実情報を伝えました。

なお、リアリティを伝えるうえでは、「動画」も有効なツールとなり得ます。**楽天**、そして**バレットグループ**では、360°動画を活用したオフィスツアーを実施しています。[20] このような360°動画は、通常の広告動画とは違い「加工」が少なく、現場の空気感が伝わりやすいのが特徴です。

動画はテキストとは比較にならないほどの情報量を提供できるので、動画のつくり方次第ではミスマッチ回避にも活用できるでしょう。これらの事例はYouTube上で視聴できるので(2019年3月時点)、ぜひ一度ご覧ください。

---

[20] 楽天 オフィスツアーＶＲ　https://youtu.be/mg5E_LxU3Do
バレットグループ オフィスツアーＶＲ　https://youtu.be/zLkES2oc_Qc

ファーストリテイリング
グレード別の給与額および年齢

年収のお知らせ。

年収(グレード別) ※対象：国内ファーストリテイリンググループ　期間：2012年9月〜2013年8月

グレード	平均年収	最低年収	最高年収	年齢	参考(役職)
K-4	240,000,000	240,000,000	240,000,000	64歳	・執行役員
K-3	226,192,600	171,200,000	320,000,000	44歳〜	
K-2	95,904,000	91,448,000	100,360,000	43歳〜	
K-1	83,180,006	45,648,000	132,212,000	40歳〜	
E-3	37,092,540	28,144,620	51,075,000	39歳〜	・スーパースター店長
E-1	25,127,375	20,898,000	27,805,000	42歳〜	・部長
M-5	17,370,766	15,654,000	20,640,780	36歳〜	・リーダー
M-4	14,050,580	11,630,947	17,372,667	33歳〜	・本部社員
M-3	13,570,758	11,829,000	17,424,000	33歳〜	
M-2	11,312,527	8,681,000	14,014,652	33歳〜	
M-1	9,878,874	7,759,089	12,748,813	32歳〜	
S-5	8,187,568	6,366,300	12,353,141	28歳〜	・スーパーバイザー
S-4	7,023,009	5,595,082	8,876,680	27歳〜	・スター店長
S-3	6,249,969	5,122,278	8,515,000	24歳〜	・店長
S-2	5,481,893	4,373,212	7,920,000	23歳〜	・店長代理
					・本部社員
J-3	4,546,029	3,628,922	6,183,217	23歳〜	・店舗社員
J-2	3,980,992	3,506,142	4,739,816	23歳〜	・本部社員
J-1	3,946,669	3,168,335	4,601,594	22歳〜	

1億円役員はいます。1億円店長はまだか。

フェアに評価します。いい仕事をした人に、もっと大きな仕事を任せます。給料に上限はありません。

ユニクロ UNIQLO　第一志望、ユニクロ

出典：「宣伝会議デジタルマガジン 広報会議」　https://mag.sendenkaigi.com/kouhou/

楽天 オフィスツアー VR

バレットグループ オフィスツアー VR

❻差別化
他社にはない差別要素があるか

　ビジネスで競争優位を獲得するには他社にない「差別化」が必要ですが、採用も同様、良い差別化は競争優位につながり、より有利に採用活動を進められます。

　もちろん、ターゲット人材一人ひとりが熱心に企業研究をして、他社にはない自社の魅力を理解してくれるのが理想ですが、それは現実的には難しいでしょう。そのため、採用担当者には**自社に向き合い、他社も観察し、自社ならではの魅力を見出して、丹念なコミュニケーションによってそれを伝えていく**姿勢が必要不可欠となります。

　一方で、「他社と比べて秀でた魅力がない」と感じる採用担当者も多いと思います。その際には**「ないならつくる」「採用活動のスタンスで差別化する」**というマインドセットを持つことが必要となります。諦めたらそこで試合終了です。

他社との差別化を図るには

- まずは自社に向き合う
- 見つからなければ、つくる
- つくれなければ、採用活動のスタンスで差別化する

「ないならつくる」の際たる例としては、**リクルート**のとあるエピソードが象徴的です。リクルートでは優秀な理系人材を採用するために、1980年代に10億円以上のスパコンを購入したという伝説があります。当時、今ほどの採用ブランドがなかったリクルートが他社にない差別化要素を自らつくりだした話です。

その逸話について、元リクルートで、東京都初の民間人校長として注目を集めた藤原和博氏が、「NewsPicks」で次のように語っています。

たとえば、リクルートは1985年くらいに「これからは採用が大事。特に技術者の採用が大事」だと言って、採用をガラッと変えた。そのときに行ったのは、一番売り上げを上げている一番優秀な営業所長を採用のマネジャーに据えるという人事なのですよ。

その人事が象徴となって、「これからは人事が大事、採用が大事」ということが、社内報に100回同じことを書くよりも、断然伝わるわけです。あるいは先端の技術者がほしいときに、「これからは技術者を採らないといけない」と社長が言うよりも、スーパーコンピューターを2台買うほうがよっぽど効果があったわけ。

当時、リクルートの人間が誰も使えないようなスーパーコンピューターを買った。すると、それを使いたいがために、当時東工大のシステム工学系やコンピューターサイエンス系の学生の半分くらいがリクルートに内定してしまって、教授会で問題になってしまった。

『【藤原和博】天皇とリクルートと「シンボルのマネジメント」』(https://newspicks.com/news/2155095/)より引用

もちろん、これは極端な例ではありますが、そのスタンスは見習うべきものでしょう。

なお、採用活動における差別化ポイントは、企業・仕事・社風だけではありません。**「採用活動のスタンス」そのものにおいても差別化は可能**です。

たとえば、デジタルマーケティング事業・スマートフォンメディア事業を手がける**ナイル**はオウンドメディア「ナイルのかだん」上で事業や社内の様子などを継続的に発信し、自社をより理解してもらえるように努める姿勢がうかがえます。[21] 派手な出来事だけでなく、自社のリアルな姿を伝えようとする同社の真摯さ自体が、採用活動における他社との差別化につながるわけです。

自社のどこに魅力があるかわからないという場合は、日常の出来事や小さなニュースでいいので、まずは発信してみて、その反響やアクセス状況などから要領をつかんでみてはいかがでしょうか。

ナイル「ナイルのかだん」

[21] ナイル「ナイルのかだん」https://r-blog.nyle.co.jp/

❼不安払拭
不安を想定し、先回りして対応できているか

　ターゲット人材のAttentionを獲得し、Attractすることができたら、あとはApply（応募）してもらうだけです。

　ただし、候補者に応募まで踏み切ってもらうことは簡単ではありません。キャリア選択には不安がつきもの。その不安を想定し、先回りして払拭していくことがターゲット人材との出会いを実現するうえで極めて重要となります。

　たとえば、**ニトリ**は商品開発から製造・物流・販売までを自社で一貫して手がけるいわゆるSPAモデルの企業ですが、学生からはそこまで人気が高くないとされている「販売・小売」の現場を抱えています。

　30年連続で増収増益を続ける業績的にも申し分ない同社ですが、学生としては「商品企画やマーケティング、グローバルなどの仕事に興味がある」「店舗（販売・小売）の仕事が重要であることはわかっているし、理解しておきたい」という気持ちがある一方で、「でも、ずっと店舗勤務に限定されたキャリアとならないか不安」という声も多いのではないでしょうか。

　同社はそのような心の声に対して、店舗だけでなく段階的に多くの業務に関わる機会がある「配転教育」について自社サイトやセミナーで説明し、さらには合同企業説明会で配布される資料持ち帰り用の袋にも自社でのキャリア選択の広さを訴えるデザインを施すなど、不安払拭に努めています。

ニトリが合同企業説明会で配布した袋

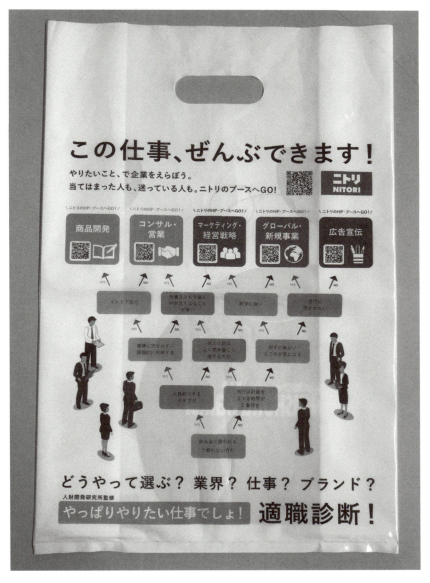

また、60ページで紹介した、アマゾンジャパンと日刊工業新聞社との共催セミナーは、ターゲット人材である製造業従事者が抱きがちな「製造業の経験がオンラインストアで本当に活かせるのだろうか」「製造業から転職した人は満足度高く働けているのだろうか」「業種の違いによるカルチャーギャップが大きそうで、自分はついていけるのだろうか」といった不安を払拭する狙いもありました。

　そのためセミナーでは、実際に製造業から転職してきた社員たちがアマゾンジャパンで前職の知見をフル活用できている点や、共通点・相違点を真摯に伝え、そのことによって、「同社で働くイメージが湧き、不安の軽減につながった」という反応が得られました。

　なお、こうした不安以外にも、職場環境や待遇などのさまざまな不安を候補者は抱いています。このような個別の不安については、面接やカジュアル面談において「不安要素の汲みとり」と「不安払拭できる事実の提供」を行うことも有効でしょう。

　もちろん、すべての不安を払拭できるわけではありませんが、気持ちに寄り添い、共に考えようとする姿勢自体が、候補者の不安軽減につながると言えるでしょう。

❽ウェルカム感
応募を歓迎するムードがあるか

　仲間を求めているムード、いわば「ウェルカム感」も応募を促すうえでは重要な要素です。

　38ページで紹介したミートアップもその手段のひとつですが、そのほかにもウェルカム感を伝える事例として、**SmartHR** のイベント「エンジニアの入社歓迎会の練習をする会　〜入社歓迎会のやり方、忘れました〜」[22]を紹介します。

　このイベントは SNS 上で話題となりましたが、採用に前向きな姿勢や、新たな人材に気持ちよく入社してほしいというスタンス、ウェルカム感が伝わることで有効な施策となったのではないでしょうか。**「何もないから何もできない」ではなく、「何もなくても工夫しよう」**という姿勢は、多くの採用担当者が見習うべきものです。

SmartHR
エンジニアの入社歓迎会の練習をする会
〜入社歓迎会のやり方、忘れました〜

[22]　SmartHR「エンジニアの入社歓迎会の練習をする会 〜入社歓迎会のやり方、忘れました〜」
https://smarthr.connpass.com/event/88479

SmartHR「エンジニアの入社歓迎会の練習をする会」の募集要項

背景
- SmartHR エンジニアチームでは、この半年間エンジニア採用に向けて精力的に活動してまいりました
- しかしながら、未だに誰ひとり採用に至っていません
- つまり、私たちエンジニアチームでは、久しく入社歓迎会を開催していません
- このままだと、もし新メンバーの入社があっても、歓迎できなくなりそうです
- 歓迎の方法を忘れる前に、入社歓迎会の練習会を開催することにしました

募集
- SmartHRのエンジニアチームと話してみたいエンジニアの方、ぜひこの歓迎会の練習会に参加しませんか？
- 私たちの練習にお付き合いいただくという感謝の気持ちを込めて、参加費は無料とさせていただきます
- 参加者のみなさんを新入社員と見立てて熱烈に歓迎いたします
- 久しぶりの歓迎会(的な何か)なのでぎこちないと思いますが、ご了承ください

会場
- 普段は会社の近くでお店を探すのですが、移転後一度も歓迎会を開けていません
- 新規開拓したお店では集合や注文であたふたする恐れがあるため、いつもの行き慣れているサイゼリヤを利用します
- 今回の会場のサイゼリヤ神保町店では裏メニューも食べられるらしいです

SmartHR について
- 人事労務領域をクラウドで便利にしているいい会社です
- エンジニアが働きやすい環境を作っていることでも有名です
- ただし、エンジニアが全く採用できていません
- 助けてください

❾ 負荷調整
応募のハードルを無駄に高くしてないか

　エントリー時の作業負荷によっても、応募数は上下します。「負荷の調整」について、実際の事例をもとに考えていきましょう。

● **負荷を減らすアプローチ**

　三幸製菓が2016年卒の新卒採用で開始したのが「日本一短いES（エントリーシート）」です。三幸製菓は新潟県に本社を置く製菓会社ですが、質問を同社にとって重要な「おせんべいが好き？」「ニイガタで働ける？」の2点に絞っているのが大きな特徴です。一般的に、エントリーシートでは自己紹介や志望動機を必須としている企業が多いですが、「まずは多くの学生と接点を持ちたい」という場合、このような手法は有効でしょう。

三幸製菓「日本一短いES」

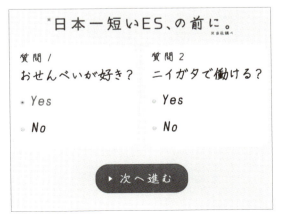

また、**面白法人カヤック**の「エゴサーチ採用」[*23]も、ターゲット人材がエントリーしやすくなる手段として興味深い取り組みです。同社は、この施策について以下のように説明しています。

「エゴサーチ採用」は、履歴書の代わりに Google の検索結果をもとに選考を行う採用です。

履歴書を書く必要はありません。ふだんから Web で情報発信をしている人たちにとっては、エゴサーチの結果が活動履歴であり、その人のことがよく伝わる方法だと思うからです。

自分の名前、ブログ、作品名、その他あなたのことがよく分かり、かつ、検索で一番上にくるワードで応募してください。

応募いただいたワードは、人事がひとつひとつ検索して、確認し、結果をお送りします。

ご覧のとおり対象となる人は限られていますが、同社が採用ターゲットとするような「ふだんから Web で情報発信をしている人」「クリエイター」に対するアプローチとしては、面白い施策だと思います。

面白法人カヤック「エゴサーチ採用」

*23　面白法人カヤック「エゴサーチ採用」　http://egosearch.kayac.com

● あえて負荷をかけるアプローチ

一方で、エントリー時の作業負荷をかけることで、出会う対象を「志望度の高い人にのみ絞る」という方法もあります。

ただし、候補者が負荷をかける意味を感じられないものであれば、「余計なことをさせる不親切な会社」と受け取られてしまいます。負荷をかけるアプローチを実施する際には、自社なりの強い意思や意図をもって臨む必要があるでしょう。

たとえば、**ライフネット生命**の新卒採用における「重い課題」[*24]は、自社の採用活動に対する考えを施策に反映させている好事例です。同社は、なぜこれらの課題を出すのか、その想いを自社採用サイトで丁寧に伝えています。

一般的な就活対策だけでは回答が難しいため応募人数は減りますが、「本気の人だけ受けてほしい」「応募数をいたずらに増やすべきではない」という同社の姿勢が十分に伝わる施策だと言えるでしょう。

ライフネット生命「重い課題」

課題A

2020年に東京オリンピック・パラリンピックが開催される予定です。
社会・経済にはどのような変化があり、どんな問題が起こるでしょうか？
その問題を解決するために何をするべきか、
次の設問にそって回答してください。

【1】前回の東京オリンピック・パラリンピックが社会・経済に与えた影響について説明してください。

【2】今回の東京オリンピック・パラリンピックによって、
社会・経済にはどのような変化がおこるでしょうか。
任意の3つのテーマについて予想し、理由とともに説明してください。

【3】【2】によって起こる問題とその解決法を考えてください。

[*24] ライフネット生命「重い課題」 http://recruit.netseiho.com/assignment

「ニコニコ動画」などのサービスを展開する**ドワンゴ**の事例も紹介しましょう。同社は、2015年卒の新卒採用において「受験料制度」を導入しました。

　これは「１都３県在住の学生が同社にエントリーする際には2525円かかる」という制度であり、大量の不合格者が生まれている現在の就職活動への問題意識をもとに企画されたものです。

　結果、エントリー人数は減ったものの内定人数は増加し、施策としては狙いどおりとなりましたが、この受験料制度は多くの物議を醸しました。

　解釈の難しい事例ではありますが、==一企業として現状のあり方に提言し、社会を変えていこうとする姿勢==は見習いたいものです。

ドワンゴ「新卒入社試験の受験料制度」

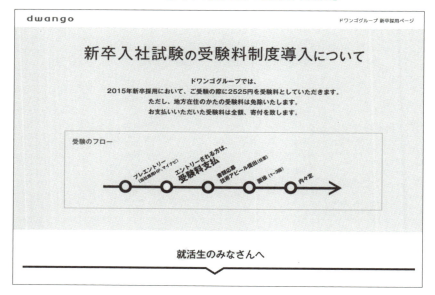

エージェント採用に効く「ク・ス・リ」

エージェント優位の時代に考えるべきこと

　厚生労働省によると、日本国内には約2万の民営職業紹介事業所が存在しているようです[*25]。エージェント（人材紹介会社）は、他の採用チャネルと比較すると成功報酬が高額になりますが（日本では、転職決定者の初年度年収の30〜35％が一般的）、採用人数・ターゲット人材によっては、彼らの協力は欠かせません。

　ただし、エージェントに支援を依頼したからといって、それだけで成果があがるわけではありません。エージェント経由での採用を成功させるためのポイントを理解し、実践していく必要があります。
　多くの採用担当者が見落としがちなのは、需給のバランスです。**「求人倍率が高くなる＝需要（求人件数）が多く、供給（求職者数）が少ない」**ということなので、このような状況下では供給側（＝エージェント）の立場が強くなります。

[*25] 厚生労働省 「平成28年度職業紹介事業報告書の集計結果」 https://www.mhlw.go.jp/stf/houdou/0000200901.html

これを理解せず、不景気時代の感覚を引きずったままエージェントを「下請け」とみなして高圧的な態度で接する・叱責する企業は、エージェントから見放されます。

　彼らが接点を持つ優秀な人材を欲しい企業は数多くあり、**わざわざ仕事のしづらい採用企業を相手にする必要はない**わけです。そのため、エージェント経由の採用においては、彼らが自社の採用に協力したくなるような施策が求められます。

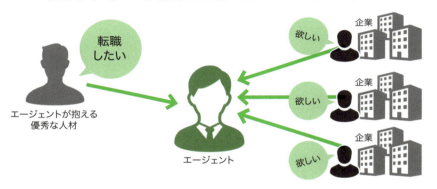

売り手市場では、優秀な人材を欲しがる企業は数多くある

エージェント採用に効く「ク・ス・リ(11要素)」

　それでは、エージェント経由の採用で成果を出すにはどうすればいいでしょうか。本書では、3つの観点から探っていきたいと思います。「成功報酬」で事業が成り立つエージェントにとって、成果が出るとは「採用が決まる」ということです。そして、採用の決まりやすさとは、次の**「クロージングしやすさ」「スピード」「リトライ」を構成する11要素**から構成されます。一つずつ説明していきましょう。

エージェント採用の成果に影響を与える「ク・ス・リ（11要素）」

クロージング しやすさ	1	適切な採用ハードル	合格ラインが無駄に高くないか
	2	ターゲットのベネフィット	口説きに必要な情報をエージェントに提供しているか
	3	口説き資料	口説きに使える資料はあるか、渡しているか
スピード	4	選考結果連絡	選考結果は早く伝えているか
	5	面接設定の柔軟性	面接は設定・調整しやすいか
	6	候補者からの問い合わせ	問い合わせに迅速に対応しているか
リトライ	7	改善のヒントをいただく	エージェントからアドバイスをいただく姿勢が十分か
	8	継続的な情報提供	活動の改善に必要な情報をエージェントに提供しているか
	9	エージェントミーティング	それらを行う場を定期的に設けているか
その他	10	紹介料率	相場よりも低く設定していないか
	11	エージェントへの感謝	エージェントのモチベーションを大切にしているか

● クロージングしやすさ

　エージェントからすると「いつまで経っても合格にならないポジション」は鬼門です。どれだけ優秀な候補者を紹介しても合格とならない企業(ポジション)の場合、優秀な候補者を紹介する気持ちは次第に萎えていきます。また、そのような状態が続けば、優秀な候補者は他社に紹介されてしまうことでしょう。

　もちろん安易に合格ラインを下げる必要はありませんが、なかなか採用につながらない場合は、(エージェント経由での採用に限りませんが)合格ラインを高く設定し過ぎていないか、人材要件を絞り過ぎていないか、そもそも市場にいない人を求めていないかなどをセルフチェックし、適切な水準に調整しましょう。

　また、せっかく内定までたどり着いても、内定辞退されてしまっては意味がありません。クロージングのしやすさはエージェントにとって大きなポイントです。

　ここでケアしなければならないのは、自社は**エージェントがクロージングしやすいようにサポートしているか**という点です。
「ターゲット人材にとって、自社のポジションにはどのようなベネフィットがあるか」などを整理してエージェントに渡しておくことは、彼らが自社のエージェント(代理人)としてターゲット人材を口説くうえでの大きな武器となるでしょう。

　エージェントのクロージングを助けるために共有しておきたい情報を次にまとめましたので、なかなかクロージングに至らない場合は参考にしてみてください。

エージェントのクロージングを助けるために共有しておきたいこと

- [ ] **ターゲット人材にとってのベネフィット**
  (例:未経験からでも一人前になれる)
- [ ] **そのベネフィットを具体的に説明できる事例**
  (例:一人前になるためのトレーニングカリキュラム)
- [ ] **競合他社と比較した際の自社の魅力**
  (例:まだ仕組みが完成されておらず、やれることが多い)
- [ ] **不安払拭の材料**
  (例:転職直後は給与が下がるが、成果を出せば昇給しやすいので自分次第)

● スピード

　エージェントにとって「スピード」は重要な要素です。多くの場合、候補者は複数の企業に紹介され、同時並行で選考が進んでいるため、エージェントは他社にスピード負けするような企業(候補者を待たせる企業)にはなるべく候補者を紹介したくありません。

　そのため、選考結果の連絡やエージェント経由で届いた候補者からの問い合わせへのスピーディーな対応は極めて重要な要素となります。また、面接官が多忙で、面接日程の調整難航が予想される場合は、あらかじめ面接官の日程をいくつか押さえておくなどの工夫も必要でしょう。

　スピードを上げるためのセルフチェック項目を次ページにまとめましたので、実現できていないことがあれば、ぜひ取り組んでみてください。

スピードを上げるためにセルフチェックしたいこと

- ☐ **プロセスごとの最大時間数を決め、採用関係者と連携できているか**
  (例：書類選考は 48 時間以内に完了というルールを徹底する)
- ☐ **面接枠はあらかじめ押さえておけないのか**
  (例：面接枠と場所を事前確保する)
- ☐ **選考プロセスが長過ぎないか**
  (例：1日に複数人が候補者と面接し、選考プロセスを短縮する)
- ☐ **各プロセスにかかっている時間は可視化されているか**
  (例：採用ポジションごとのリードタイム一覧を用意し、定期的に確認する)

● リトライ

　採用活動では、プロセスやオペレーションの「改善」をいかに速く着実に実行できるかが重要です。付き合いはじめたばかりのエージェントの場合、紹介される候補者の合格率が低く、うまくいかないこともありますが、ここで失敗から学んで再び挑戦できるかどうかで、その後の成果は大きく変わってきます。

　結果を出して win-win となるためには、**「不合格の詳細な理由」や「採用成功につながる情報」をお互いにシェアし、エージェントと支援し合える関係を築いていく**ことが必要となるでしょう。双方が「リトライ」できる状況を築かず、採用の失敗をすべてエージェントのせいにしている企業は、エージェントからの協力を得られません。

　なお、**メドレー**はこれらをうまく実践できている企業のひとつです。同社はエージェントに対して、事業・ポジション・従業員の情報を継続的に丹念に伝えており(→102ページ)、このような施策はエージェントにとっては「候補者への説明や口説く際の材料」となり、非

常にありがたく感じられるでしょう。

　採用担当者としては「エージェントが業績アップするうえで必要な情報なのだから、エージェントが自ら情報をキャッチアップしてほしい」という気持ちもあるでしょうが、自社がそのような姿勢でいる間に他社がエージェントとwin-winになろうとしていれば、エージェントの意識はそちらへ向いてしまいます。くれぐれもスタンスを履き違えないように気をつけましょう。

リトライに向けてセルフチェックしたいこと

- ☐ **自社の採用活動における改善点について、エージェントが遠慮なく言えるような関係性を築いているか**
- ☐ **採用担当者にエージェントからの意見を聴く姿勢はあるか**
- ☐ **精度の高い情報を十分にエージェントに提供しているか**
  （例：候補者一人ひとりの不合格理由）
- ☐ **エージェントが募集部署の従業員からポジションの詳細について直接ヒアリングできる機会を設けているか**
- ☐ **自社の採用情報にアップデートがあった際に、エージェントにタイムリーに伝えているか**

　なお、クロージングしやすさ、スピード、リトライの3つ以外には、「その他」に挙げた**紹介料率、エージェントへの感謝**も重要な要素となります。この2つもエージェントのモチベーションに大きくかかわりますので、十分かどうかを今一度考えてみましょう。

メドレーがエージェントへ提供している資料の一部

資料の概要

｜会社の現状についてご説明したい

メドレーは、今年で創業10年目を迎えました。特にここ数年は組織が急拡大するなど、めまぐるしい動きを見せています。会社の状況も常に変わっているため、最新の状況をあらためてご説明できればと思います。

｜会社の将来的な展望についてご説明したい

その上で、これからメドレーはどのような将来展望を描いているか、をご説明できればと思います。現在は5つの事業が並列して存在していますが、今後は点として存在しているこれらの事業をつなげ「Connecting the Dots」の動きを加速させ、「第3創業期」としての展開を加速させています。

｜そのために必要な人材の募集について詳細をご説明したい

将来展望についてご説明した上で、これを背景としたこれからの募集について、ご説明できればと思います。2019年になり、募集内容や重点領域に大きな変化があったため、その点もふまえてあらためてご説明します。メンバーからの声も集めたので、それもご紹介できればと思います。

こんな人に来てほしい - 文化編

✓ メドレーが大切にしている価値観（バリュー）に当てはまる方
・全部に完璧に当てはまらなくても、濃淡あっていい

凡事徹底
メドレーは、1人ひとりがプロフェッショナルであることを徹底します。サービス運営やビジネスの現場であることの大半は、地味でよくある作業の繰り返しです。しかしこの1つひとつにこだわり、積み重ねることで、圧倒的な成果に連結します。だからこそ誰でもできる凡事を、非凡な水準で極めます。

未来志向
メドレーは今ある仕組み・枠組みに最適化するのではなく、未来にあるべき世界・社会を意識して、今やるべきことを実行します。あらゆる想像力と論理的な思考力を駆使し、今日の前にある課題と将来起こりうることを紐づけし、それをすべての関係者にとってより豊かな未来に変えていくために尽力します。

中央突破
メドレーはもっとも大きく困難な課題に、真正面からチームで向き合い解決していきます。目の前だけの改善や手軽な取り組みに走ることなく、本質的な解決方法を考え、議論し、実行しています。そのために必要な能力とマインドを高いレベルで持ちつづけ、さらに自己成長していける集団でありつづけます。

Why? MEDLEY

A. 意義があり、実需がある追い風な市場

B. この分野での事業推進に欠かせないスペシャリストが在籍

C. 実際にとても伸びている事業に携わる

D. 合理的で速い意思決定

E. 成果を出すために必要な環境は用意します

リファラルを
成功に導く
7つの取り組み

リファラル採用を成功させるための基本

　リファラル採用とは、自社従業員に知人・元同僚などを紹介してもらう採用手法です。入社に至った際には、紹介者に手当を支給する企業もあります。

　リファラル採用導入の際、採用担当者としてまず理解しておくべきは、**職業安定法第四十条（報酬の供与の禁止）**です。本来、人材を紹介してその対価を得るには「有料職業紹介免許」が必要であり、職業安定法では次のように定められ、無免許の人材紹介による報酬の供与は原則禁止となっています。

> **職業安定法 第四十条（報酬の供与の禁止）**
> 　労働者の募集を行う者は、その被用者で当該労働者の募集に従事するもの又は募集受託者に対し、賃金、給料その他これらに準ずるものを支払う場合又は第三十六条第二項の認可に係る報酬を与える場合を

除き、報酬を与えてはならない。

ただし、自社従業員が自社の求人募集に対して知人を紹介することは、次の点を満たせば例外的に認められています。

- 就業規則や賃金規程などに記載しておく
- 報酬の項目名を可能な限り労働対価性の低いものにしておく(「手当」など)
- 報酬額は「業」として成立しない程度の金額とする

リファラル採用は従業員の協力によって成り立つため、その運用において難しさはあるものの、マッチング率の高さ、採用の生産性、採用費の観点でメリットを感じることが多く、ここ数年で多くの企業が導入・制度化しました。

リファラル採用の特徴

メリット

マッチング率の高さ	一緒に働いたことがある人のお墨付き。選考の合格率が高い
採用の生産性	自社のみを受けているため、争奪戦にならなくて済むことが多い
採用費	多額の採用費をかけずに採用できる

悩ましさ

人数の限界	社員一人あたりが紹介できる人数は限られており、次第に減っていく
気持ちのケア	不合格になった際には、紹介者のフォローが必要
アクティブ化の難しさ	あまり転職を考えていない人を動かすのは一苦労

しかし、すべての企業においてリファラル採用がうまく機能しているわけではありません。「従業員がなかなか紹介してくれない」「紹介されても不合格になってしまう」などの悩みを抱える採用担当者の方も多いのではないでしょうか。

そこでここでは、**リファラルでの採用数を増やすために必要な7つの取り組み**を紹介します。

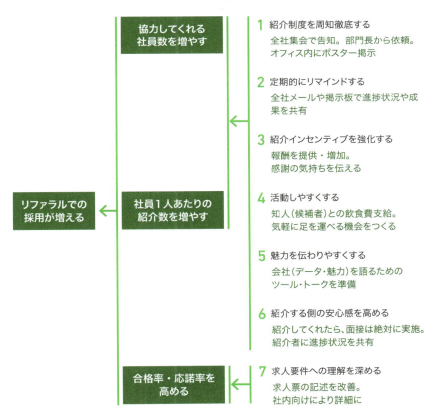

リファラルでの採用数を増やす7つの取り組み

1 紹介制度を周知徹底する

　まず、従業員が自社の紹介制度を知らないことには始まりません。制度開始時に全社メールなどで広報する企業は多いでしょうが、周知徹底・認知浸透が実現するまでは「従業員の目に触れる場所に常時掲示する」など、しつこいまでの工夫が必要となります。

　また、経営陣や部門長などにもコミットしてもらい、彼らから従業員へ協力を呼びかけてもらうことも、周知徹底のためには欠かせないアプローチとなるでしょう。

2 定期的にリマインドする

　制度やキャンペーン開始時にアナウンスを十分にしたとしても、リマインドがなければ記憶は薄れ、やがて風化していきます。開始して1年も経つと、「あの制度って、まだやっていますか？」と従業員から問い合わせが入ることも珍しくないでしょう。

　そのため、リファラル採用の運営においては、たとえば「リファラル月報」として従業員に毎月メールを配信し、採用の進捗や募集強化ポジション・新規ポジション情報を伝えるなど、定期的にリマインドしていく必要があります。

3 紹介インセンティブを強化する

　リファラル採用においては、「手当額アップ」によって紹介数が増えることもあります。自社のカルチャーやカラーに合うのであれば、インセンティブ強化は有効な施策となるでしょう。

　なお、善意で協力しようとしていたのに報酬を設けることで逆にや

る気が下がるケースもあるので、そのような場合は「リファラル経由で入社が決まったら、費用は会社持ちで、新メンバーの歓迎会としてチーム全員で焼肉を食べにいく」など、関係者全員が喜べるようなルールにしてみてはいかがでしょうか。

　なお、金額は「業」とみなされない程度に上限を定めておく必要がありますが、あまりに安価な場合は、従業員から「採用サイトや人材紹介に比べたら費用はかからないはずなのに手当額が安すぎる。我が社は、人を採る気がないのだろうか」とも思われかねません。金額は、自社の従業員にとって「やる気になる」もしくは「報われた感がある」くらいの高さにしておきましょう。

　もちろん、インセンティブは金銭報酬だけではありません。十分な金額でない場合でも、協力者へ感謝の気持ちを丁寧に伝えることこそがリファラル採用が続いていく基盤となります。紹介が増えても当たり前だと思わず、感謝の気持ちを忘れないようにしましょう。

4 活動しやすくする

「協力したいけど、どうすればうまくいくだろう」と思う従業員は少なくないでしょう。リファラル採用においては、協力してくれる従業員たちが知人を誘いやすくする工夫が必要です。

　1つ事例を紹介します。2014年に**面白法人カヤック**が従業員に配布したのが、書類選考免除となる「ファストパス」、そしていきなり最終面接から選考が始まる「ラストパス」です。このような施策は、従業員が知人を誘った際の特別感を演出するものとなり、リファラル採用を活性化させる取り組みのひとつとして参考になるでしょう。

面白法人カヤック「ファストパス」と「ラストパス」

ほかにも、知人を食事に誘って自社を紹介しやすくするための「食事代補助」といった施策も有効です。単なる飲み会の費用として使われてしまわないよう、使い方についての事前説明は必要ですが、費用としては大きくないので試してみる価値はあるでしょう。

また、リファラル限定の「社員との小規模座談会」のようなものがあると、従業員は「こういう座談会があるから参加してみる？」と知人を誘いやすくなります。

知人からいきなり職務経歴書を受け取ることに抵抗を感じる場合もあるので、採用担当者は従業員が気持ちよく紹介できるように手を尽くしましょう。

5 魅力を伝わりやすくする

　採用担当者と違い、多くの従業員は自社の魅力を伝えることに慣れていません。彼らが自社のエバンジェリストとして十分に活躍できなければ、せっかく協力する気になってくれても残念な結果に終わってしまいます。

- 自社にはどのような強み・魅力があるか
- それらを効果的に伝えられる具体的な事例や事実は何か
- どのような点に魅力を感じて入社してくる人たちがいるか
- 人事制度や福利厚生にはどのようなものがあるか

　これらを自社の採用ページ内で十分に紹介できていない場合は、自社の説明をサポートするツールが必要です。採用担当者は会社パンフレットを手渡すだけでなく、上記事項やよくある質問などをまとめたドキュメントを作成・共有するなどして、従業員が自社の魅力を伝えやすくする工夫をしましょう。

6 紹介する側の安心感を高める

　リファラル採用において、従業員は「せっかく紹介した知人が不合格になってしまわないだろうか」と不安になりやすいものです。このような心の機微に配慮し、たとえ不合格になっても何か得られるものがあったと思ってもらえるようにするのが採用担当者の務めです。一例としては、「従業員から紹介された候補者は、よほどのことがない限り書類選考合格とし、全員に対して面接を実施する」という企業もあります。

なお、リファラル経由の候補者には、特に選考状況に注意し、放置・連絡モレなどがないように確認しましょう（リファラル経由に限った話ではありませんが）。リファラルに関わってくれた従業員が損するようなことはあってはなりません。

7 求人案件への理解を深める

リファラル採用は通常の選考よりも合格率が高くなりますが、従業員が関与している以上、無用な不合格を生み出さないようにしたいものです。そのためには、従業員に「募集ポジション」の理解を深めてもらうことが極めて重要です。

具体的には、求人画面の URL を共有するだけでなく、「実はこういう人もターゲットになりうるという例」「一見合格しそうだけど実は不合格になりやすいパターン」「ターゲット人材が多くいる企業名」といった、社外には公開していない内部だからこそ伝えられる限定情報などを共有しておくといいでしょう。

そして、最後に大事なことをお伝えします。ここまでリファラル採用を成功させる方法を紹介してきましたが、**一番大事なのは従業員が知人を誘いたくなるような会社をつくること**にほかなりません。

どんなに制度を整えたところで、従業員から「こんな会社は知人に勧められない」と思われていては意味がありません。たとえ従業員紹介制度がなくても「知人を誘いたい」と従業員に思ってもらえるよう、採用担当者は人事の一員として、魅力的な職場づくりに邁進していきましょう。

スカウト文面に
必要な5つの要素

個別スカウトは
「ロジックのあるラブレター」

　ここまで「出会う」ための方法として、メディア、エージェント、リファラルにおけるコツや原理原則について解説してきました。

　最後に、スカウト採用について触れておきます。スカウトメールを書くのは手間がかかりますが、人材要件が明確な場合はターゲット人材にピンポイントにコンタクトできる手法のため、募集ポジションの特性によっては大きな成果を生みます。

　なお、スカウトメールにおいては「どういう文面を書けばいいかわからない」と悩む採用担当者も多いのではないでしょうか。そこで、次ページ以降に文面パターンをいくつか挙げてみました。スカウト文面は**「個別スカウト」**と**「一斉スカウト」**に分かれ、それぞれにおいて、文面に求められる要素が異なります。

　個別スカウトは、個々人の経歴を確認しながら一人ずつ文面をアレ

ンジして送るものです。いわば「ロジックのあるラブレター」であり、**個別感**、**見てくれている感**、**期待する理由**の3要素を文面に盛り込むことが重要となります。スカウトは時間のかかる工程だからこそ、基本を怠らず成果が出るようにしましょう。

個別スカウト文面の基本構成

[会社名] で中途採用を担当している **[送信者名]** と申します。
[対象者氏名] の **[対象者勤務先]** における **[対象者の職務・魅力に感じた経験]** のご経験を拝見し、メッセージをお送りさせていただきました。

弊社では現在、**[注力分野や事業課題]** に注力しており
具体的には **[新たなチャレンジ1]**、**[新たなチャレンジ2]** などをミッションとして **[業務の特徴]** のようなプロジェクトを推進しています。

プロジェクトは **[簡易プロフィール1]**、**[簡易プロフィール2]** などで経験を積んだメンバーを中心に推進していますが、弊社にとっては未知の領域でもあることから **[対象者氏名]** 様のようなご経験のある方に加わっていただくことで、さらに加速していきたいと考えております。
具体的には **[期待した役割]** を任っていただけるのではないかと期待しております。

もし **[対象者氏名]** 様が以下の業務内容に興味をお持ちいただけるようでしたら、ぜひ一度弊社オフィスにお越しいただき、まずはカジュアルにお話ししてみませんか。

なお、ご不明点やお会いする前に確認したいことがありましたら、こちらのメッセージにてご回答させていただくことも可能です。遠慮なくどうぞ。

[以下、業務内容・求人概要]

一斉スカウトは「温度感」「事実・データ」で勝負

なお、検索条件でヒットした複数人に一斉送信する「一斉スカウト」の場合は、個別の文面アレンジはできず、「特別感」の演出ができません。その際は、ターゲットのパーソナリティを想定し、**「温度感」**と**「事実・データ」**の2つの要素によって興味が湧くように丁寧に文面をしたためましょう。一斉送信であっても、文面によって「企業の性格」は伝わります。

まず「温度感」について考えてみましょう。話しかける際と同様、スカウト文面にも温度感はあります。下記は実在するスカウト文面ですが、温度感がかなり高く、大量のスカウトが届くなかでいかに際立った存在になるか、執筆者なりの工夫が垣間見られます。

一見するとポエムのようですが、想定するターゲット人材のパーソナリティによっては、これくらい振り切ったアプローチも有効かと思われます。**大切なのは万人ウケすること(広さ)ではなく、ターゲット人材の心を鷲づかみにすること(深さ)**だと心得ておきましょう。

温度感が高い文面の例

突然のご連絡で失礼します。
●●●●(株)採用担当の●●と申します。

これまで貴方が歩んでこられたご経験、拝見させて頂きました。
時には息を切らしながら、それでも非常にやり甲斐を感じながら、
様々な想いを抱いてきたのではないでしょうか。

これまでのご経験を踏まえ、「はたらく」ということを通じて、
貴方のこれからについて一緒に考えていければと思い、

今回思い切ってご連絡をさせて頂きました。

もちろん、仕事は楽しいことばかりではありません。
今までも、時にはお辛い時もあったかもしれません。

それでも貴方のご経験であれば、
情熱を持ってお仕事に臨んだ後、
そして誰（何）かのためにやり遂げたという、
達成感や貢献の実感など、
「はたらく」楽しさをおそらくご存知なはずです。

認められたい、
責任のある仕事を任されたい、
成果や評価をあげていきたい、

人によって様々な想いもあると思います。
それも全て、自身を向上させるための成長意欲の高さの表れだと思っています。

貴方が今、心動かされることは何でしょうか？
今、本当にやりたいことは何でしょうか？
貴方の可能性を、私はもっともっと知りたいと思っています。

今回、弊社の求人を送付させて頂きました。
ご経験を活かせ、かつ可能性をさらに広げられるのでは、
と考えています。

書類選考は致しません。弊社への志望動機も必要ありません。
貴方のこれまでの、そしてこれからの想いが知りたいです。
ぜひ、面接でお逢いしませんか？

「●●●●●●●●」
弊社はこちらをスローガンに掲げ、貴方の想いを、
貴方の新しい何かを実現するお手伝いをしたいと、
真剣に考えています。

お互いの意向が合わないこともあるかもしれません。
でも、この機会が貴方の、
そして弊社の未来が変わるきっかけになるかもしれません。

少しでもご興味持って頂けましたら、ぜひご応募ください。
貴方とお逢い出来ることを楽しみにお待ちしています。

また、受け取った人が自社をイメージしやすいよう、下のように「事実・データ」を盛り込むことも大切です。短いながらも職場の事実情報を丹念に伝えようとするこの文面からは、飾り気のない真摯な姿勢がうかがえます。

事実・データを盛り込んだ文面の例

> 弊社は、法人成りしてまだ●年目です。
>
> ●月まで他の会社（●●社）で工場を間借りしていましたが、●月からは新しく工場を借りました。
>
> 従業員は●名（●名女性※経理）でアルバイト●名（●名女性※事務）と社内外注●名です。従業員の平均年齢は、約●●歳です。
>
> 事業内容は、搬送設備や専用機、ロボットなどの組み付け、設計、機械加工全般です。今回求人募集した内容は、物件の管理と受注、設計者のアシスタント（事務関係）です。設備一式など受注した場合、図面管理や原価管理などが弱いため力を貸して欲しいです。
>
> まだまだ会社として未熟ですが一緒に成長していけたらと思います。
>
> ※就業時間は8：30～17：30ですが都合が悪ければ相談に乗ります
>
> 代表取締役　●●●

出会うために必要な、コミュニケーションの「一貫性」

　第1章では、「出会う」ためのコミュニケーションを考えるうえで参考になりそうなフレームや多くの企業事例を紹介してきましたが、採用担当者はこれらの事例を部分的に真似るのではなく、自社の採用

課題やターゲットに応じて施策をカスタマイズしていくことが必要になります。

　採用担当者に求められるのは、あくまでもターゲット人材と自社を結びつける「一貫性」のあるコミュニケーション設計であり、他社の取り組みを部分的にコピペしたような、ちぐはぐした整合性のないメッセージでは、人を振り向かせることも心をとらえることもできません。

　採用コミュニケーションにおいては、次の図のような一貫性こそが、いい人との出会いを実現させるうえで必須となります。

　メディア、エージェント、リファラル、スカウトのいずれにおいても、採用担当者は、この基本を忘れないようにしましょう。

いい出会いを実現させる
一貫性のあるコミュニケーション

第 2 章

見立てる

ミスマッチ採用を減らす
選考設計のコツ

ミスマッチ採用を生む「3つの問題」

なぜミスマッチは起きるのか？

　第1章「出会う」では、ターゲット人材と出会うために採用担当者がすべきこと・できることについて紹介してきましたが、出会いはあくまでもスタートラインに過ぎません。次に大切になるのは、出会った一人ひとりが本当に自社にフィットするかどうかを「見立てる」こととなります。

　十分な見立てができていない場合に起きるのが、採用のミスマッチです。ミスマッチ採用は人も企業も不幸にします。候補者にとっても、採用側にとっても、入社後に「こんなはずじゃなかった……」と嘆くような事態は防ぎたいところでしょう。

　それでは、採用段階におけるミスマッチ[26]はどのようにして起こるのでしょうか。その大きな原因としては、選考時における次の3つの問題が挙げられます。

---

[26] ミスマッチは「採用」だけではなく、配属やアサインメント、マネジメントによって起こるものもありますが、本書では採用段階におけるミスマッチにフォーカスします

ミスマッチは、以下のどこかに問題がある

 何を見立てるか…「見立てる項目」に問題がある

 どう見立てるか…「見立てる方法」に問題がある

 誰が見立てるか…「見立てる人」に問題がある

　第2章では、これら3つの問題を解決し、ミスマッチを防止するために必要な **見立てる項目（人材要件の設計）**、**見立てる方法（選考方法）**、**見立てる人（選考担当者）** について考えていきます。

　なお、**人が人を見抜ける、見極められると考える姿勢（驕り）はミスマッチの元**になりかねないため、本書では「見抜く」「見極める」という表現は使いません。採用担当者ができることは「見立てる」くらい、という謙虚な姿勢こそが大切となります。

何を見立てるか

「人材要件」は、「業務・カルチャー」と結びつける

自社の業務・カルチャーを踏まえ人材要件を設計する

　採用活動は「人材要件」の設定から始まります。どのようなパーソナリティで、どのような経験や専門性が必要なのか、どのような志向の持ち主が望ましいのか、これらが定まっていないと採用はうまくいきません。

　たとえば、営業職であれば「コミュニケーション力のある人、顧客志向のある人、バイタリティのある人、素直な人」、コールセンターのオペレーター職であれば「人と接するのが好きな人、ホスピタリティのある人」など安直に考えてしまいがちですが、**設定された人材要件が粗い状態だとミスマッチを招くことはもちろん、採用活動が非効率なものとなってしまいます。**

　なぜなら、曖昧でシンプルな表現は解釈の幅が広く、人によって思い浮かべるものが異なるため、同じ候補者を面接しても「あの人はコミュニケーション力がある」「あの人のコミュニケーション力は不安」

と、面接官によって評価が分かれてしまうからです。

 それでは、人材要件をうまく設定するにはどうしたらいいでしょうか。重要なのは、自社の「1.業務・カルチャー」をベースとして「2.人材要件」「3.期待行動」を言語化し、さらにそれを見立てる「4.選考方法」にまで一貫性を持たせて設計していくことです。

業務・カルチャーから選考設計まで一貫性を持たせる

一貫性を持たせる

1. 業務・カルチャー
業務内容・企業文化・組織の状態は?

2. 人材要件
入社時に必要な人材要件(スキル・タイプ)は?

3. 期待行動
具体的には、どのような行動ができればいいか?

4. 選考方法
人材要件を、どの段階で、どう見立てるか?

※完成形は132ページ

「1.業務・カルチャー」を列挙する

 具体的にどのように考えていけばいいか、実例をもとに解説していきましょう。ここでは、とあるネット通販企業A社のオペレーター採用を例として、人材要件を設計していきます。

 採用担当者が最初にすべきことは、**採用ポジションの業務内容・特徴や自社のカルチャーなど「fact(事実)」の列挙**です。A社の事例では、次のa~fが挙がりました。

「1. 業務・カルチャー」を列挙する

a. 電話問い合わせ対応（困っている／急いでいる／怒っている）	A社のコールセンターは、問い合わせ対応が中心。ネット通販のカスタマーから寄せられる問い合わせ内容は、困っている（操作がわからないので教えてほしい）、急いでいる（○月○日までにどうにか届けられないか）、怒っている（注文と違うものや不良品が届いた）の3種類が9割を占める。感謝の声などのポジティブなものは少なく、多くはネガティブ寄りの問い合わせ。
b. メール問い合わせ対応	電話だけでなく、メールでの問い合わせも4割ほど。メールの文面をゼロから考えることはあまりなく、ほとんどの問い合わせには適した雛形文面があるので、高度な作文力は求められない。
c. 取扱い品目がどんどん増えるので対応内容も増加	通販には取扱い商品数を絞っている会社もあるが、A社は総合オンラインストアとして多くの商品を扱っている。そして、その数は日々増えており、オペレーターは新たな商品情報について常にインプット・キャッチアップしていく必要がある。
d. まだ新しい会社で業務フローが不安定、よく変わる	A社はまだ新しい会社。サービスの成長・拡大とともに業務フローは定期的に見直され、時には大幅な変更が生じる。そのため、オペレーター向けの社内勉強会が多く開催されている。
e. 意見は通りやすく、改善案を歓迎する社風	A社には社員の改善意識を大切にするというカルチャーがある。有期雇用のオペレーターであっても「この作業はこうすればもっと効率的にできると思う」といった声を挙げやすく、雇用形態に関係なく改善アイデアを歓迎している。
f. 顧客満足度を重視している社風	A社は顧客満足度を最重要視しており、従業員一人ひとりがカスタマーに対してホスピタリティを発揮できるよう熱心に教育している。

「1.業務・カルチャー」と「2.人材要件」「3.期待行動」を結びつける

次に、先ほど挙げた**「業務・カルチャー」**に**「人材要件（どのようなスキル・タイプが求められるか）」**および**「期待行動（人材要件を満たしている人が実践できる行動）」をつなげていく**作業が必要となります。

「期待行動」まで言及していないことが多いかと思われますが、これらを言語化して採用関係者に丁寧に伝えていく作業は極めて重要です。なぜなら、期待行動まで明文化・言語化されていれば、採用に関わる社内関係者同士でより精緻に目線合わせができるほか、応募を考える候補者にとっては自身が人材要件にマッチしているかどうかのセルフスクリーニングがしやすくなるからです。

ここでは、まず左に列挙したa〜fの業務・カルチャーのうち「a. 電話問い合わせ対応（困っている／急いでいる／怒っている）」に応じた人材要件と期待行動を設定していきます。まずは、下の完成形をご覧ください。

「1.業務・カルチャー」と
「2.人材要件」「3.期待行動」をつなげる（aのみ）

1. 業務・カルチャー	2. 人材要件	3. 期待行動
a. 電話問い合わせ対応（困っている／急いでいる／怒っている）	コミュニケーション力（意図の察し／スピード調整／不快の少なさ）	電話問い合わせに、正確に、相手のテンポに合わせて、気持ちよく応えられる。テンパらず、落ち着いたコミュニケーションができる。理不尽なことを言われてもキレない。

カスタマーが困っている／急いでいる／怒っていることが多いＡ社のオペレーター職に必要となるのは、それらに対応できる「コミュニケーション力」です。ただし、ここで人材要件を「コミュニケーション力」という一言で表現してしまうと、人によって想起するものが少しずつ異なるため、ミスマッチが起こりやすくなってしまいます。

　ここで言うコミュニケーション力とは、「初対面の人ともすぐに打ち解けられる／話題が豊富／話していて楽しい」といったものではなく、主に「意図の察し／スピード調整／不快の少なさ」です。あくまでも"Ａ社の"オペレーター職に求められるコミュニケーション力について採用関係者一人ひとりが解像度高く理解する必要があるので、**ビッグワードで終わらないよう、なるべく具体性が高く、誰もが同じ姿を想像しやすいレベルまで落とし込む**必要があります。

　たとえば、Ａ社のオペレーター職においては、コミュニケーション力を「顔の見えないカスタマーがネガティブな状況にあるからこそ、言葉一つひとつにどのような意図があるのかを正確に汲みとり（意図の察し）、カスタマーの感情がヒートアップしないように会話のテンポを合わせ（スピード調整）、たとえ理不尽で感情的なことを言われても反論して相手を不快にさせない（不快の少なさ）」というところまで落とし込んでいますが、ここまで定義・言語化することで、採用関係者一同が共通認識を持て、頭に思い浮かべる人物像にブレが少なくなります。

　ｂ〜ｆも同様に、これらの作業を繰り返していくことで求める人物像がより鮮明になり、選考における見立ての精度向上だけでなく、メディアやエージェントを活用して求人募集する際にも、より適した人にアプローチできるようになるでしょう。骨の折れる作業ではありま

「1. 業務・カルチャー」と「2. 人材要件」「3. 期待行動」をつなげる（a〜f）

1. 業務・カルチャー	2. 人材要件	3. 期待行動
a. 電話問い合わせ対応（困っている／急いでいる／怒っている）	コミュニケーション力（意図の察し／スピード調整／不快の少なさ）	電話問い合わせに、正確に、相手のテンポに合わせて、気持ちよく応えられる。テンパらず、落ち着いたコミュニケーションができる。理不尽なことを言われてもキレない。
b. メール問い合わせ対応	タイピングスピード、文章力	メール雛形をもとに、問い合わせ内容に合わせて素早く確実にアレンジし対応できる。システムを素早く操作できる。
c. 取扱い品目がどんどん増えるので対応内容も増加	継続的学習・自社サービスに対する興味の強さ	日常的に社内イントラにアップされる新機能を確実にチェックし、キャッチアップできる。
d. まだ新しい会社で業務フローが不安定、よく変わる	カオス耐性	明確な指示やマニュアルがないことに対し、フラストレーションを溜めない。
e. 意見は通りやすく、改善案を歓迎する社風	改善マインド	「こうすればいいのに」があった際に、我慢するのではなく「上司に相談」「具体的に提案」できる。
f. 顧客満足度を重視している社風	ホスピタリティ・共感	ルールやオペレーションの都合の前に、お客様の困りごとに心情的に寄り添い、一言かけることができる。

すが、マッチする人に出会えていない場合は、**「業務・カルチャー」と「人材要件・期待行動」を結びつける**という基本に立ち戻ることをおすすめします。

　なお、特定のポジションに限定せず、自社の従業員全員に求めることを選考基準に組み込む企業も珍しくありません。
　たとえば、**Amazon.com**は全世界共通で次の14項目を「Leadership Principles[27]」として設定し、選考プロセスにおいて、それぞれの項目に応じた質問をすることで、同社にふさわしい人物かどうかを確認しています。
　また同様に、**グーグル**では「採用の際に期待する一般的な要件[28]」として「一般的な認知能力」「リーダーシップ」「グーグルらしさ」「職務に関連した知識」の４つを掲げています（→129ページ）。

---

[27] Amazon.com「Leadership Principles」 https://www.amazon.jobs/en/principles
[28] グーグル「採用の際に期待する一般的な要件」 https://rework.withgoogle.com/jp/guides/hiring-use-structured-interviewing/steps/define-hiring-attributes/

Amazon.com「Leadership Principles」

Customer Obsession	リーダーはカスタマーを起点に考え行動します。カスタマーから信頼を獲得し、維持していくために全力を尽くします。リーダーは競合に注意を払いますが、何よりもカスタマーを中心に考えることにこだわります。
Ownership	リーダーにはオーナーシップが必要です。リーダーは長期的な視野で考え、短期的な結果のために、長期的な価値を犠牲にしません。リーダーは自分のチームだけでなく、会社全体のために行動します。リーダーは「それは私の仕事ではありません」とは決して口にしません。
Invent and Simplify	リーダーはチームにイノベーション(革新)とインベンション(創造)を求め、常にシンプルな方法を模索します。リーダーは状況の変化に注意を払い、あらゆるところから新しいアイディアを探しだします。それは、自分たちが生み出したものだけには限りません。私たちは新しいアイディアを実行する上で、長期間にわたり外部に誤解されうることも受け入れます。
Are Right, A Lot	リーダーは多くの場合正しい判断を行います。強い判断力を持ち、経験に裏打ちされた直感を備えています。リーダーは多様な考え方を追求し、自らの考えを反証することもいといません。
Learn and Be Curious	リーダーは常に学び、自分自身を向上させ続けます。新たな可能性に好奇心を持ち実際に追求します。
Hire and Develop the Best	リーダーは全ての採用や昇進において、パフォーマンスの基準を引き上げます。優れた才能を持つ人材を見極め、組織全体のために進んで人材を活用します。リーダーはリーダーを育成し、コーチングに真剣に取り組みます。私たちは全てのメンバーのために新しい成長のメカニズムを創り出します。
Insist on the Highest Standards	リーダーは常に高い水準を追求します。この水準は高すぎると感じられるかもしれません。リーダーは継続的に求める水準を引き上げていき、チームがより品質の高い商品やサービス、プロセスを実現できるように推進します。リーダーは不良を下流に流さず、問題を確実に解決し、再び同じ問題が起きないように改善策を講じます。

Think Big	狭い視野で考えてしまうと、大きな結果を得ることはできません。リーダーは大胆な方針と方向性をつくり、示すことによって成果を導きます。リーダーはお客様に貢献するために従来と異なる新たな視点をもち、あらゆる可能性を模索します。
Bias for Action	ビジネスではスピードが重要です。多くの意思決定や行動はやり直すこともできるため、大がかりな分析や検討を必要としません。計算されたリスクをとることも大切です。
Frugality	私たちはより少ないリソースでより多くのことを実現します。倹約の精神は創意工夫、自立心、発明を育む源になります。スタッフの人数、予算、固定費は多ければよいというものではありません。
Earn Trust	リーダーは、注意深く耳を傾け、率直に話し、人に対して敬意をもって接します。たとえ気まずい思いをする事があったとしても間違いは素直に認め、自分やチームの間違いを正しいと言ったりしません。リーダーは常に自分たちを最高水準と比較、評価します。
Dive Deep	リーダーは常に各業務に気を配り詳細も認識します。頻繁に現状を確認し、メトリクスと個別の事例が合致していない時には疑問を呈します。リーダーが関わるに値しない業務はありません。
Have Backbone; Disagree and Commit	リーダーは、賛成できない場合には、敬意をもって異議を唱えなければなりません。たとえそうすることが面倒で労力を要することであっても例外ではありません。リーダーは、信念をもち、容易にあきらめません。安易に妥協して馴れ合うことはしません。しかし、いざ決定がなされたら、全面的にコミットして取り組みます。
Deliver Results	リーダーは、ビジネス上の重要なインプットにフォーカスし、適正な品質で迅速にそれを実行します。たとえ困難なことがあっても、立ち向かい、決して妥協しません。

グーグル 「採用の際に期待する一般的な要件」

一般的な認知能力	Googleは、新しい状況を学び、それに適応できる有能な人材を求めています。これは、GPAやSATのスコアではなく、応募者が現実の難題をどのように解決し、どう学ぶかを重視するということです。
リーダーシップ	Googleでは、「エマージェント リーダーシップ」という特定の種類のリーダーシップを求めています。これは、正式な肩書きや権限を持たないリーダーシップの一形態です。Googleでは、さまざまなチームメンバーがリーダーの役割を引き受けて貢献する必要があり、このようなリーダーシップは、彼らが持つ特定のスキルの必要性がなくなればそのリーダーの役割を退くという、シビアな責務でもあります。
Googleらしさ	Googleでは、応募者がGoogleで能力を発揮できるかどうかを判断する物差しとして、あいまいさを許容できる性格、積極的な行動力、協調性の3つを持ち合わせているかどうかに注目しています。
職務に関連した知識	Googleは、応募者が成果をあげるために必要な経験や経歴、スキルなどを備えているかを精査します。

どう見立てるか

選考方法は、
人材要件に適したものを選ぶ

「2.人材要件・3.期待行動」と
「4.選考方法」を結びつける

　人材要件・期待行動が整理できたら、次に考えたいのが「選考方法」です。ここで注意すべきは、選考方法を「面接」に偏重しすぎないことです。人材要件ごとに、面接で見立てやすいものと、そうではないものがあるので、**確認したい人材要件ごとに適した選考方法**を組み合わせましょう。

　ここでは、引き続きA社のオペレーター職を例にして考えていきます。これまでa〜fについて1.業務・カルチャー、2.人材要件、3.期待行動を設定しましたが、最後にここに「4.選考方法」をつなげていきます。

1.業務・カルチャー	2.人材要件	3.期待行動	4.選考方法
a. 電話問い合わせ対応 (困っている／急いでいる／怒っている)	コミュニケーション力 (意図の察し／スピード調整／不快の少なさ)	電話問い合わせに、正確に、相手のテンポに合わせて、気持ちよく応えられる。テンパらず、落ち着いたコミュニケーションができる。理不尽なことを言われてもキレない。	■ 1段階目(手軽に、早く) 選考会(会社説明・テスト・面接)への参加を電話受付とする。明らかにNGな場合は履歴書・職務経歴書を郵送いただくよう依頼し、その内容がよければ説明会に案内する。 ■ 2段階目(じっくり) 面接における口頭コミュニケーションにて確認。

　A社のオペレーター職におけるコミュニケーション力は「3分も話せばNGと判断できる」性質のものであり、それを判断するのに数十分の面接は必要ありません。したがって、採用活動に使える限られた時間を有効なものとするためには、面接を設定するよりも前にコミュニケーション力を効率よく見立てられる仕組みがほしいところです。

　そこでこの例では、「コミュニケーション力」を見立てる選考方法を、「手軽に、早く」見立てるフェーズと「じっくり」見立てるフェーズの2段階に分けて設計しています。

　このように、採用担当者が人材要件・期待行動と選考方法をセットで考えることで採用活動に一貫性が生まれ、採用の質と効率は向上していきます。

　なお、b～fを同様に繰り返したものが次ページ表になります。

「1.業務・カルチャー」と「2.人材要件」「3.期待行動」と「4.選考方法」をつなげる(完成形)

1.業務・カルチャー	2.人材要件	3.期待行動	4.選考方法
a. 電話問い合わせ対応（困っている／急いでいる／怒っている）	コミュニケーション力（意図の察し／スピード調整／不快の少なさ）	電話問い合わせに、正確に、相手のテンポに合わせて、気持ちよく応えられる。テンパらず、落ち着いたコミュニケーションができる。理不尽なことを言われてもキレない。	■ 1段階目(手軽に、早く) 選考会(会社説明・テスト・面接)への参加を電話受付とする。明らかにNGな場合は履歴書・職務経歴書を郵送いただくよう依頼し、その内容がよければ説明会に案内する。 ■ 2段階目(じっくり) 面接における口頭コミュニケーションにて確認。
b. メール問い合わせ対応	タイピングスピード、文章力	メール雛形をもとに、問い合わせ内容に合わせて素早く確実にアレンジし対応できる。システムを素早く操作できる。	タイピングテストを選考会の際に実施。
c. 取扱い品目がどんどん増えるので対応内容も増加	継続的学習・自社サービスに対する興味の強さ	日常的に社内イントラにアップされる新機能を確実にチェックし、キャッチアップできる。	過去に似たような環境があるか、その中でどのような行動をとったかを面接で確認。
d. まだ新しい会社で業務フローが不安定、よく変わる	カオス耐性	明確な指示やマニュアルがないことに対し、フラストレーションを溜めない。	過去に似たような環境があるか、その中でどのような行動をとったかを面接で確認。
e. 意見は通りやすく、改善案を歓迎する社風	改善マインド	「こうすればいいのに」があった際に、我慢するのではなく「上司に相談」「具体的に提案」できる。	過去に似たような行動をとったかを面接で確認（ない場合は、それを楽しめそうか）。
f. 顧客満足度を重視している社風	ホスピタリティ・共感	ルールやオペレーションの都合の前に、お客様の困りごとに心情的に寄り添い、一言かけることができる。	周囲との協働・対顧客業務における行動を面接で確認。

第 2 章 見立てる ミスマッチ採用を減らす選考設計のコツ

見立てる方法の
一長一短を把握し、使い分ける

　主な選考方法についても、いくつか紹介しておきます。最適な選考方法は「見立てたいもの」や「求める効率」によって決まるので、適した選考方法を選びたいところです。

　選考方法を簡単にマッピングすると、次のようになります。それぞれの特徴について、ここから詳しく解説していきましょう。

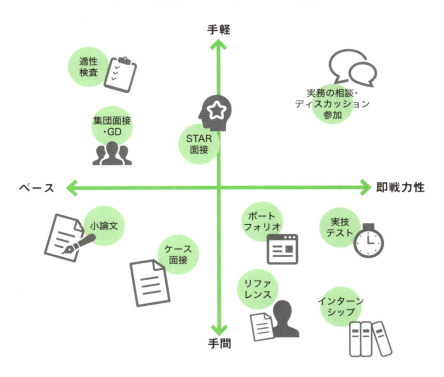

見立てる方法マップ（大まかな分類）

● STAR面接

「STAR」とは、Situation、Task、Action、Resultの略です。グーグルやアマゾンなどの外資系企業を中心に推奨されている面接手法のひとつで、行動面接(behavioral interview)とも呼ばれます。

具体的には、過去の経験のうちいくつかをピックアップし、**S：Situation**（どのような状況だったか）、**T：Task**（何が課題・ゴールだったか）、**A：Action**（どのような行動をとったか）、**R：Result**（結果はどうだったか）について確認していくこととなります。候補者の「意見・考え」ではなく「行動特性」およびその「再現性」を確認するための判断材料として利用できるとされ、最近では日本国内の企業にも広まりつつあります。

ただし、STAR面接の良さを十分に発揮するためには、手法についての十分な理解や面接官のトレーニングが必要不可欠となります。本書では概要の説明にとどめますが、STAR面接について理解をさらに深めたい方は、アメリカの連邦人事管理局のサイトに詳しいガイドが[*29]ありますのでぜひご覧ください。

● ケース面接

候補者にお題を与え、一定時間内に「解答」および「考えたプロセス」を説明してもらう選考手法であり、コンサルティングファームなどの選考でよく見られます。

ケース面接では、候補者の分析力(的外れでないか、正しく構造化できているか)、思考プロセス・ロジック構築力(論理が飛躍していないか、矛盾はないか)、論点・問題設定力(課題や論点は妥当か、問題の本質からずれていないか)などを判断します。お題の例としては、

[*29] アメリカ連邦人事管理局 "Assessment & Selection STRUCTURED INTERVIEWS"
https://www.opm.gov/policy-data-oversight/assessment-and-selection/structured-interviews/

- **社会課題型**：○○駅周辺の違法駐輪をなくすにはどうしたらいいか
- **ビジネス型**：○○駅周辺にある、とあるカフェの売上を1.5倍にアップさせるにはどうしたらいいか
- **社会変化型**：団塊の世代の大量退職により活性化するビジネス、およびその理由を説明してください

などが主流であり、出題された直後から面接官と対話を重ねて解答するパターンと、考える時間（30〜60分が一般的）が与えられて解答するパターンがあります。問題の作成は簡単ではありませんが、求める人材要件次第では有効な手法と言えるでしょう。

なお、候補者がケース面接に慣れていないことも考えられますが、たとえば、**マッキンゼー**では動画コンテンツを通じて候補者にケース面接へのアドバイスをしています。[*30] 十分に事前対策をしたベストな状態で候補者を判断したいと考える企業にとっては、同社の取り組みは参考になるでしょう。

McKinsey & Company 「Interviewing with McKinsey: Case study interview」

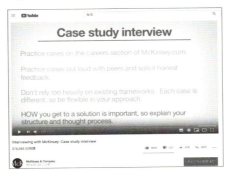

[*30] McKinsey & Company「Interviewing with McKinsey: Case study interview」
https://www.youtube.com/watch?v=nGzYzq3Wsos

- 実務の相談、ディスカッションへの参加

　候補者が入社後に担当する可能性がある業務で、当事者（担当部署）が現在困っていることについて相談することは「即戦力（実務に関する知見・判断力）」を判断するうえで有効です。また、自社の担当者を複数人アサインし、候補者にそのディスカッションに加わってもらう形式でも同様の効果が得られるでしょう。

　社内の情報を取り扱うためテーマの選定が難しいところですが、自部署の課題を候補者に理解してもらうことにもつながるので、中途採用で即戦力性が求められるポジションの場合は特に有効な手法だと言えます。

- プログラミングテスト（コードテスト）

　主に開発エンジニアのプログラミングスキルを判定する手法です。スキルチェックサービスを利用して自宅PCでWEBテストを受けてもらう方法、およびホワイトボードテスト（面接時にホワイトボードにコードを書いてもらう）があります。

　問題作成や採点に一定の知見が必要となるほか、ホワイトボードテストでは緊張してしまう候補者が実力を出しきれないこともありますが、エンジニアは実際に手を動かしてもらわないと技術力の見立てが難しいため、エンジニア採用では必須となるでしょう。

- 実技テスト

　工場内作業などを模したワークをしてもらい、正確に完了した作業の割合や、かかった時間を計測する手法です。手作業の「正確性」「動作性」の判断材料として利用できるため、作業の多い現場においては

参考材料となるでしょう。

● ポートフォリオ

　主にクリエイター採用で用いられる選考手法です。候補者の作品をポートフォリオとしてまとめてもらい、面接ではそれらの作品づくりにおける意図や工夫について説明してもらいます。「技術力」「発想力」「センス」のほか、「クリエイターとしての人物像」の判断材料として利用されています。

　ちなみに、エンジニア人材と同様、クリエイターやデザイナー人材は採用難のため、多くの企業が獲得に苦戦しています。その中でも、**面白法人カヤック**の「ポートフォリオ奨学金」[31]（自身のポートフォリオをカヤックの特設サイト上から送り、審査で合格となった場合は2万円が支給されるという取り組み）は、クリエイター人材と接点を持つうえで興味深い事例と言えるでしょう。

面白法人カヤック「ポートフォリオ奨学金」

---

[31] 面白法人カヤック「ポートフォリオ奨学金」 https://portfolio.kayac.com

● 適性検査

　専門の業者が提供するテストを候補者に受検してもらう方法です。勘と経験になりがちな他の選考手法を補う「科学的根拠」が得られ、客観判断の材料として活用できます。

　受検人数に応じた受検費用が必要ですが、応募者全体におけるターゲット人材の割合の「可視化・経年比較・分析」などが可能となり、データをもとに採用活動を改善していくうえでも役立ちます。

● インターンシップ・体験入社

　オフィス内で数日～数ヶ月間ほど働いてもらい、その様子を選考の判断材料とする手法です。取り組んでもらうテーマの難易度調整（簡単すぎない／難しすぎない）や、受け入れの手間などを考えると多用しづらい手法ではありますが、本人のベーススキルやコミュニケーションスタイル、カルチャーフィットを判断するのに効果的です。また、候補者に自社のリアルな姿を見てもらえるため、ミスマッチ防止の手段としても有効です。

　なお、インターンシップは新卒採用のみで実施するものと思われがちですが、中途採用で実施する企業もあります。印刷・物流・広告のシェアリングプラットフォーム事業を手がける**ラクスル**はその１社です。

　同社は「ワークサンプルテスト」として、採用選考時に最長８時間ほど採用部署のチームで働いてもらい、チームメンバーからの評価を合否決定に取り入れています。

　８時間というハードルの高さはありますが、同社は「それでも、会社のカルチャーや入社して実際に一緒に働くメンバーとの相性、会社にフィットするか否かが遥かに重要」[32]とし、最高の採用を目指しています。

＊32　ICC KYOTO 2016「【新】急成長ベンチャーの組織づくりの秘訣を大激論！」
　　　https://industry-co-creation.com/management/9068

● 集団面接、グループディスカッション

候補者を数名単位で評価できる、効率重視の選考手法です。候補者一人ひとりの内面を掘り下げるのは困難ですが、大量のアピアランスジャッジ(印象値の判断)やネガティブジャッジ(絶対にマッチしないことが一目瞭然な候補者を見つける)を効率よく行う手法としては機能するでしょう。

● 小論文

候補者にテーマを出題して論文を書いてもらう手法です。論理展開・思考力・文章力などの判断材料として活用できます。ただし、候補者にとっては負荷が大きく、自社への志望度が高くないうちは選考途中での辞退が起こる可能性がありますので、実施する場合はタイミングに注意しましょう。

● リファレンス

日本企業ではまだ馴染みが薄いですが、外資系では実施している企業も珍しくありません。リファレンスは大きく「バックグラウンドチェック」と「リファレンスチェック」の2つに分かれ、自社で実施する場合と、専門業者に依頼するパターンがあります。

バックグラウンドチェックは、本人同意のもと在籍経験に詐称がないかどうか、過去の勤務先や出身校に1件ずつ確認するものです。

また、リファレンスチェックとは、過去の勤務先の上司や同僚を2名ほど紹介してもらい(本人承諾のもと電話番号を教えてもらう)、その方々に過去の働きぶり・得手不得手などを電話で確認する方法です。

候補者本人が選んだ人から悪く言われることは滅多にありません

が、それでも1〜2％くらいの確率で問題が発覚すると言われています。「こんなはずじゃなかった」を未然に防ぐためにも、実施してみる価値はあるでしょう。

効果的な面接の進め方

「どう見立てるか」においては、面接の進め方も重要ですが、「どのように面接をすれば効果的かわからない」という方も多いでしょう。そこで、効果的な面接の進め方についても説明しておきます。

面接は、次の［事前］→［前半］→［後半］→［事後］のプロセスごとに注力すべきことがあります。それらを地道に実施していくことで、より効果的な面接となるでしょう。

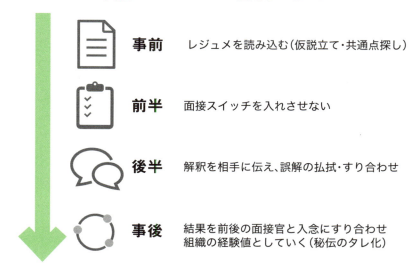

面接のプロセスごとに注力すべきこと

- 事前　レジュメを読み込む（仮説立て・共通点探し）
- 前半　面接スイッチを入れさせない
- 後半　解釈を相手に伝え、誤解の払拭・すり合わせ
- 事後　結果を前後の面接官と入念にすり合わせ組織の経験値としていく（秘伝のタレ化）

[事前] レジュメ（履歴書・職務経歴書）を読み込む

候補者から事前に提出されるレジュメを十分に読み込み、「仮説立て・共通点探し」をしておきましょう。また、面接の中で確認したいことをいくつかリストアップしておきましょう。

> 例）自分と彼は大学時代にしていたスポーツが同じだから、面接開始直後のアイスブレークの話題として使えるかもしれない。
>
> 例）過去にこういう転職をしているということは、こういうことが苦手なのかもしれない。確認してみよう。
>
> 例）この経験なら、別のポジションでも力を発揮できるかもしれない。応募ポジション以外にも関心があるか面接で聞いてみよう。

[前半] 面接スイッチを入れさせない

入社後は「素」の状態で働くこととなるので、候補者の素がどのような感じかは知っておきたいものです。しかし多くの場合、面接時に候補者は「構えて」しまっています。

これは、特に新卒採用で見られがちな光景ですが、面接官が「それでは自己紹介をしてください」と言った途端に記憶してきた自己アピールを一方的に話し始めてしまうこともあります。こうなると、面接の時間内に素の状態に戻すことは容易ではありません。アイスブレークなどを駆使し、いかに候補者の「面接スイッチ」を入れずにコミュニケーションを開始できるかが重要となります。

[後半] 誤解の払拭・すり合わせを行う

面接のスタイル、面接官の評価スキルなどによりますが、面接を通

じて自分自身の解釈を候補者に伝えることは、「誤解の払拭・すり合わせ」、また高評価であれば「候補者を口説く」うえで有効となります。具体的には、このような伝え方となります。

> 「お話を聞いて、○○○といった点などから、□□さんにはこういう強みがあるのではないかとお見受けしました。一方、こういう点でご苦労されるのではと思いました。□□さんとしては、これらについてどう思われますか？ 何かコミュニケーション不足で勘違いをされてしまっていると感じたら、遠慮なく教えてください」

このようなやりとりは、自身の勘違いがあれば是正につながり、候補者にとっても誤解を払拭できる機会になるため効果的です。

[事後] 主観を継承していく

自身の面接での評価を前後の面接官と入念にすり合わせ、「なぜ合格（不合格）にするのか」を説明・討議し、**組織の経験値としていく（＝「秘伝のタレ化」していく）**ことは、組織の採用力を高めていくうえで欠かせません。面接官同士の主観をすり合わせ、時間をかけてそれらを**「組織の主観」**としていき継承していくことが、強い採用チームを築くうえでは重要となります。

なお、面接官同士のすり合わせが物理的な制約により難しい場合は、面接シートに「前の面接官へのコメント（見立てが異なった場合は記入必須）」「次の面接官への申し送り（確認してほしい点など）」といった項目を用意しておくだけでも役立ちます。右ページに面接シートのフォーマット例を掲載しましたので、参考にしてみてください。

面接シートの例

確認したい人材要件	評価	評価の根拠
① 「○○○」について	◎ ○ △ ×	
② 「○○○」について	◎ ○ △ ×	
③ 「○○○」について	◎ ○ △ ×	
④ 「○○○」について	◎ ○ △ ×	

上記以外で気になった点

会社・仕事を選ぶ軸

他の志望企業（企業名）と現時点での志望度

前の面接官へのコメント（見立てが異なった場合は記入必須）

次の面接官への申し送り（確認してほしい点など）

結果	評価（総合）	フリーコメント
☐ 合格（次の面接へ） ☐ 保留 ☐ お見送り	◎ ○ △ ×	

誰が見立てるか
良い採用担当者の5つの素養

採用担当者に求められる素養とは？

「何を」見立てるか（人材要件）、「どう」見立てるか（選考方法）が正しく設計されていても、「誰が」見立てるか（採用担当者・面接官）によってミスマッチが生まれてしまうことがあります。ここでは「見立てる」という観点で、採用担当者に求められる5つの素養について解説していきます。

1 言葉をうまく使える

　採用において「言葉」は極めて重要です。候補者の考え・意見・情報を「導き出す」、候補者の強みや志向を「言い表す」、採用チーム内で候補者の評価を伝達するために「記録する・伝える」際には、すべて言葉が介在するからです。

● 導き出す
　候補者に対して精度の高い投げかけ（質問）ができる採用担当者は、知りたいことを的確に導き出すことができます。

● **言い表す**

　語彙が豊富な採用担当者は、候補者の気質・思考・能力といった曖昧で形のないものを的確に理解し、言い表し、解像度を高めた状態で伝えることができます。

● **記録する・伝える**

　書く技術が高い採用担当者は、自分の所感を他者にズレなく伝え、採用活動におけるコミュニケーションロスを抑えることができます。

　なお、言葉をうまく使う必要があるのは、個人だけでなくチームも同様です。人材要件としてよく挙げられるものとして「頭がいい」「コミュニケーション力が高い」「行動力がある」「ストレス耐性が高い」などがありますが、それぞれの要件を自社なりに定義し、採用活動の関係者間で共通認識を持てているでしょうか。

　共通認識を持てていないまま採用活動に突入してしまうと、「多くの費用をかけて自社をアピールしたのに、マッチする人となかなか出会えない」「自分が面接で合格とした人の多くが、次の面接で不合格となる」といったロスにもつながり、採用活動全体に大きな無駄をもたらします。

　そのため、求める人材像を丁寧に言語化し、解像度を上げて、関係者間で共有していくことは極めて重要です。

　たとえば、先述の「頭がいい」とはどういうことでしょうか。自分は「ロジカルに考えられること」と認識していたとしても、ひょっとしたら他の採用担当者は「理解力が高いこと」と認識しているかもしれませんし、中には「考えるべきことを間違えないこと」「自分の言

葉で考えられること」と認識している人もいるでしょう。

このように**人によって認識や捉え方が異なるものを共通の物差し(人材要件)として用いることは、後に大きなブレやロスの原因となり危険**です。そこで、以下の表にて「頭がいい」を分解してみました。

「頭がいい」を分解、定義すると

タイプ	「頭がいい」の要素	どういうことか?	十分でないと?	見立て方の例
ハイスペック	頭の基本性能がいい	脳の性能(CPU・メモリ・HDD容量・OS・バッテリーなど)が高い	処理速度が遅い。回答を間違う(計算が合わない)	学力テストなど
賢人	頭の使い途が合っている	考えるべきこと、解くべき問いの設定が妥当	基本性能が高くても「もったいない人」になる	自由度の高いフリー問題など
クリエイター	頭の使い方がうまい	蓄積してきた経験・知見をうまく活用できる。いわゆる創意工夫・編集力	基本性能が高くても「クリエイティビティに欠ける人」になる	ケース問題、長い対話など
ロジックマスター	アウトプットがわかりやすい	ロジックに則って解を導き出し、理由や過程を説明できる	「よくわからない人」になる ※天才の可能性はある	プレゼン、小論文など

このように予め言語化し、採用関係者間で共有しておくことで、

「うちの部署はハイスペックタイプやロジックマスタータイプの若手が多くて、彼らは解を導くのは得意だけど、問題の設定が表面的なことがある。だから、今回の募集では彼らをうまくリードできる賢人タ

イプが欲しい」、「今日面接した◯◯さんは、クリエイタータイプの頭の使い方ができますね。ああいう人が加わってくれると、既存メンバーにもいい刺激になると思います」

といった会話が生まれるようになります。漠然と「頭がいい人が欲しい」と考えているうちは、的確な採用マーケティングや選考手法を考え、実現させることは難しいでしょう。

2 自己開示できる

候補者を見立てるためには、十分な情報量が必要です。だからといって質問を一方的に続けてしまえば、それは単なる「取り調べ」「尋問」となってしまいます。これでは、候補者はなかなか本音を話してくれないでしょう。

候補者に自己開示してもらううえでは、採用担当者も十分に自己開示することが必要となります。優れた採用担当者は「なぜ自分はこの会社に入ったのか」「今までのキャリアで辛かったこと」「自分の弱み」などを自分の言葉で伝え、候補者に安心感を与えられるでしょう。

ただし、普段の関わりでもわかると思いますが、人には「自己開示が得意な人」と「そうでない人」がいますので、候補者の本音を引き出したい時には"自己開示が得意な採用担当者"をアサインするといいでしょう。

3 疑問が湧く

好奇心を後天的に高めていくのは、なかなか難しいことです。事実、目の前にいる候補者にあまり関心が湧かず、「なぜこのような行動を

したのか？」「なぜＡ社よりもＢ社を志望しているのか？」「○○に興味を持った原体験はどこにあるのか？」といった疑問がなかなか湧いてこない採用担当者も多くいます。

「候補者がとった行動について、関心をもって深掘りして聞いてしまう」「人が物事をどう捉え、どう意思決定するのか気になる」ことは、採用担当者として成長していくうえで貴重な資質となるでしょう。

4 バイアスに負けない

バイアスとは、簡単に言えば「人がおかしやすい認知の誤り」のことです。採用業務、とりわけ人を見立てる際にバイアスは大敵となるので、見立てや採否の判断において悪影響が生まれないように十分に対策しましょう。参考までに、採用活動における主なバイアスや傾向を右ページに挙げておきます。

なお、こうした採用活動におけるバイアスの影響力を低減させる方法は主に3つあります。

a. バイアスの存在を認識する

とある企業では、新卒採用シーズン突入時の「採用活動キックオフ」において、面接を担当する従業員一人ひとりに右ページのようなバイアスや傾向があることを伝え、認識してもらっています。

誰しもが誤った判断をする可能性があること、またバイアスにはどのようなものがあるかを理解してもらうことは、バイアスに負けないための第一歩となるでしょう。

選考における主なバイアスや傾向

ハロー効果	部分的な特徴に引きずられて、他の特徴に対する認識や評価が歪む現象。良い特徴が一つ見えると全体が良く見えたり、反対に悪い特徴が一つ見えることで全体が悪く見えたりしてしまう。
確証バイアス	仮説や自身の先入観に沿ったデータを収集し、裏付けようとすること。これが行き過ぎると、面接の早い段階で不合格と判断し、残り時間を「不合格にするための材料を探す時間」としてしまう危険性がある。
親近感の罠	同じ大学や出身地の人、同じスポーツをしていた人の評価が甘くなってしまうなど、自分と似た属性の人に対して無意識のうちに好感を持ってしまい、判断が影響されること。
中心化傾向	各評定項目および総合判定で、「中心(どちらとも言えない)」が多くなってしまう傾向のこと。原因としては、面接官に「判断を下す」という心構えが弱い、判定を行う自信がない、評価の基準を理解していない、候補者から評定に必要な情報を引き出せていないなどが挙げられる。
対比効果	自分自身や、印象に残る他の候補者と比較して、相対的に評定してしまうこと。面接官に「個を見る」という意識が足りなかったり、全員合格or不合格もありうるという前提を念頭に置いておらず、その集団の中で評価の優劣をつけてしまうことで起きる。また、自分の過去実績と比較して、著しく劣っている(優っている)と評価してしまうことも。
ステレオタイプ	固定観念や判断が、評定を行う際に影響を及ぼすこと。「理系だから〜」「体育会だから〜」「○○大学出身だから〜」という固定観念を判断に持ち込んでしまう。「履歴書の字が綺麗な人は、礼儀正しく几帳面」といった判断も該当する。

b. データで現状を認識する

　特定の属性に合格・不合格が集中していないかどうか、データで確認することも重要です。事実、グローバル企業の一部では、人種・国籍・ジェンダーなどで採用合否の有利・不利が発生していないかを厳しくチェックし、採用時のバイアス排除およびダイバーシティ促進に努めています。

　たとえば**アマゾンジャパン**では、自社の採用ページ上で次のように宣言しています。[33]

　Amazonでは、世界中でダイバーシティを推進しています。

　さまざまなバックグラウンドを持つ人たちが経験や知識、そして考えをわかちあい、前向きな議論を行うことで、枠にとらわれないアイデアやイノベーションが生まれる。Amazonは、これまでも、これからも、働く人たちのダイバーシティ(多様性)を大切にしています。

　その活動は多岐に渡ります。世界中で女性・人種・退役軍人・LGBT(性的指向)などのダイバーシティ従業員ネットワーク活動をサポートすると同時に、私たちの「無意識の偏見」を取り除くための研修など、ダイバーシティを強化する取り組みの数々を実施。米国本社には、そのためのダイバーシティ専任役員までいるほどです。

　Amazonでは、書類選考において「自社開発のAIを活用した判定プログラム」を用いた結果、女性の合格率が低くなることが判明したためプログラムの導入を取りやめたことがありましたが、これも採用プロセスにおいてバイアスや差別が発生していないかセルフチェックする体制があったからこそ発見できたと言えるでしょう。[34]

---

[33]　アマゾンジャパン コンシューマー/コーポレート部門　キャリア採用情報
https://www.amazon.co.jp/b?ie=UTF8&node=5121601051
[34]　ロイター　「焦点：アマゾンがAI採用打ち切り、『女性差別』の欠陥露呈で」
https://jp.reuters.com/article/amazon-jobs-ai-analysis-idJPKCN1ML0DN

また、日系企業でも**味の素**が2018年3月より経営会議メンバーを中心としてアンコンシャス・バイアス研修を実施するなど、組織内のダイバーシティ促進に向けて動いています。[*35]

c. ブラインド採用

　属性による先入観やバイアスの影響力を排除するために、個々人へのトレーニングではなく、選考方法自体をアレンジするというアプローチもあります。

　トロント交響楽団（Toronto Symphony Orchestra）における「ブラインド・オーディション」[*36]はその事例のひとつです。これは1980年当時、楽団員のほとんどが白人男性で構成されており、多様性の欠如（十分な技術を持つ演奏家を演奏技術以外の理由で不合格としていないか）を懸念したことから始まった手法で、人種や性別がわからないように候補者と審査員との間に衝立を用意し、楽器演奏の音のみで実力を判断するというものでした。

　ブラインド・オーディション実施時には、ハイヒール着用時の歩行音で女性と思われないように床にカーペットを敷くほどの厳重さであったと『HAYS JOURNAL』は伝えています。

　また近年では、**韓国政府**もブラインド選考に取り組んでいます。[*37] 2017年より正式開始となったこの施策は、全国322か所の公共機関において、入社志望書の「学歴」「出身地」「写真を含む身体条件」「家族」など、職務と関係のない項目を排除するというものであり、面接においても職務内容と関係のない質問は許されません。韓国におけるブラインド採用は公共機関のみにとどまらず、民間企業への導入も推進されています。

[*35] 味の素グループ「サステナビリティデータブック2018」 https://www.ajinomoto.com/jp/activity/csr/pdf/2018/SDB2018_P102-107.pdf
[*36] HAYS JOURNAL ISUUE13 "A DIFFERENT VISION" https://www.haysplc.com/~/media/Files/H/Hays/hays%20journal/Hays%20Journal%2013_low%20res%20pdf.pdf
[*37] KBS WORLD Radio『「ブラインド採用」 今月から公共機関で実施』 http://world.kbs.co.kr/service/news_view.htm?lang=j&Seq_Code=64235

なお、**優秀な採用担当者は、経験を積んでも謙虚**なものです。経験を重ねていくほど、過去の判断が十分でなかったことを思い知らされることが増え、自身の至らなさを痛感するからです。

　面接を何度か経験していくと「自分には人を見る目がある」「合格かどうかは最初の３分間でわかる」などと思ってしまうかもしれませんが、そういう状態の時は、実は確証バイアスに陥っているのかもしれません。早々に結果を決めて、合格・不合格ありきの面接にしてしまえば、結果が「自分がそう決めたとおり」になるのは当然だからです。

　目の前にいる人がどのような人かは何時間かけてもわからないものです（わかればミスマッチは生まれません）。そして言うまでもなく、採用選考は一人の人生を大きく左右します。採用担当者は、企業と個人の双方が幸せになる「見立て」が行われるように努めましょう。

5 質問をチューニングできる

　面接やエントリーシートの設問など、採用担当者は多くの質問を投げかけますが、ここで投げかける一言一句によって、得られる回答の内容や深さは大きく変わってきます。

　知りたいことをより効果的に確認するためには、採用担当者が質問の仕方を意図的に変え、その回答・反応を確認しながら、質問の表現をチューニングしていくことが求められます。

　次に、知りたいことを効果的に確認できるスマートな質問例をいくつか挙げてみました。これらを参考に、普段の質問とは角度を変えた質問を取り入れるなどし、自社なりの効果的な質問を模索してみてください。

知りたいことを効果的に確認できる
スマートな質問例

● **採用競合との差と理由を押さえておきたい**

「現在受けている他の会社と比較して、弊社の志望度を『6：3：1』のように教えてください。また、その理由や一長一短ポイントを教えてください」

● **候補者の不安を察知し、可能であれば払拭しておきたい**

「仮に弊社にご入社いただくとして、現時点で不安な点があれば教えてください」

● **候補者の自社への意欲を把握しておきたい**

「弊社から内定を提示させていただいた場合、ご承諾いただく可能性は何％くらいですか？ また、その数字の理由も教えてください」

「今回の内定について、周囲の方はなんとおっしゃっていますか？」

「弊社から内定を提示させていただいた場合、お断りされることがあればどのような理由になりそうですか？」

● **転職理由を率直に知りたい**

「『今の会社や仕事が○○だったら辞めようとは思わなかった』というような点はありますか？」

「今回の転職における『攻め』の部分と『逃げ』の部分について教えてください」

「辞める理由を『環境要因』と『自身の要因』に分けて教えていただけますか。また、自身の要因に対して、改善のために何かしたことがあれば教えてください」

● **ミスマッチ防止のために理解度を把握したい**
「入社後にあなたがする仕事について、なるべく具体的に説明してください」

● **強みと弱みについて知りたい**
「今までの人事評価の際に『強み』として評価されたこと、『弱み・改善点』として評価されたポイントについて、その理由や具体的にどのような行為からそう評価されたのか、あわせて教えてください」

「上司はあなたの強みと弱みをどう捉えていると思いますか？ その理由も教えてください」

「先ほど挙げていただいた弱みは、具体的にはどのような行動として表れますか？」

「『これはあまり自分には任せないほうがいい』という仕事や役割はありますか？」

● **仕事ができる人かどうか推し量りたい**
「今の仕事でより成果をあげるために必要なことを教えてください。また、それに対して具体的にどのようなアクションをとってきたか教えてください」

「あなたが今までに解決してきた問題で、最も高難易度だったものは何ですか？ またその際の背景や取り組み、成果やあなたが果たした役割について教えてください」

「より良い仕事をするために『他の人はやらないけど自分はしている』ということがあれば教えてください」

● **希望年収**
「今回の転職で、希望年収の最低金額(＝いくら志望度が高くても、この金額だったら応諾できないという金額)はいくらですか？」

第 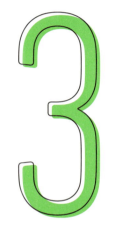 章

結ばれる

内定辞退に至る
「7つの失敗＋1」

内定辞退を引き起こす7つの要因

ますます深刻になっている「内定辞退」の現状

　採用活動で最もつらいのは、内定辞退ではないでしょうか。選考途中のものも含め、「辞退」は採用活動の成果と生産性に大きなダメージを与えます。

　特に「売り手市場」が叫ばれている昨今、新卒・中途ともに、以前にも増して内定辞退が起きています。マイナビが実施した2018年卒、2019年卒の新卒採用における内定辞退率調査[38]では、「内定辞退率が3割以上だった企業」が、いずれの年も50％以上の結果となりました。

　さらに、エン・ジャパンが2018年に発表した「中途採用における選考辞退」のアンケート調査[39]では、50％の企業が「辞退が増えた」と回答し、反対に「辞退が減った」と回答した企業はわずか4％でした。

---

[38]　「2019年卒マイナビ企業新卒内定状況調査」 http://mcs.mynavi.jp/enq/naitei/data/naitei_2019_r.pdf
[39]　エン・ジャパン「中途採用における選考辞退」実態調査　https://corp.en-japan.com/newsrelease/2018/14349.html

内定辞退を引き起こす「7つの失敗＋1」

　このような状況の中、いかに内定辞退を防ぐかがこれまで以上に問われています。クロージングは競争です。マッチする人に出会ってオファーできたとしても、最終的にオファーを応諾してもらえるとは限りません。魅力的な人材であるほど採用競合も強力となるため、勝つべくして勝つための施策が必要となります。

　そこで第3章においては、自社が内定者と相思相愛になり「結ばれる」ために必要な施策やコミュニケーションについて解説します。

　ここでは内定辞退の原因を以下の7つに分け、さらに「＋1」として内定応諾後の辞退までを含めて考えていきます。

内定辞退「7つの失敗＋1」

1	**仕掛けが遅い**	口説き始めるタイミングが遅い
2	**情報が浅い**	口説きに必要な情報を入手していない
3	**技術が拙い**	採用担当者の技術が不足している
4	**内定が軽い**	オファーにありがたみが感じられない
5	**スタンスが狡い**	自社の魅力に向き合えていない
6	**戦略が粗い**	場当たり的で戦略がない
7	**チームが弱い**	役割分担ができていない
+1	**フォローが弱い**	内定応諾後のフォローが不足している

これらを時系列にマッピングすると、以下のようになります。それぞれの失敗について、次から詳しく説明していきましょう。

1. 仕掛けが遅い
勝負は「内定前」から始まっている

挽回不可能になる前に

　内定辞退の申し出があってから対策を講じても、多くの場合はすでに手遅れの状態です。そこから巻き返しを図っても、候補者の気持ちを変えるのは至難の業だと言えるでしょう。

　採用担当者が強く認識しておかなければならないのは、クロージングは出会った瞬間から始まっているということです。挽回不可能な状態にならないように、採用担当者は**選考の過程において候補者を都度アトラクトし、意欲を高め続ける**ことが必要となります。

　次ページのグラフを見てください。これは、ディスコが2019年3月卒業予定の学生を対象に実施した「就職決定企業で働きたいと具体的に思ったタイミング」についての調査結果です。[40]

---

[40] 株式会社ディスコ「就職決定企業で働きたいと具体的に思ったタイミング」https://www.disc.co.jp/wp/wp-content/uploads/2018/10/naitei_senko-process_201810.pdf

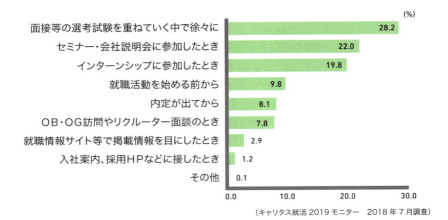

(キャリタス就活2019モニター 2018年7月調査)

　ここで「内定が出てから」と答えた人は全体のわずか8%でした。「セミナー・会社説明会に参加したとき」「インターンシップに参加したとき」「面接等の選考試験を重ねていく中で徐々に」といった回答が上位を占めているように、多くの候補者は活動初期から気持ちが高まっていることがうかがえます。

　こうした状況を踏まえ、**採用に強い会社の多くは採用活動の序盤から積極的に仕掛けています。**たとえば、面接では「見立てる」ことに意識が向かいがちですが、採用に強い会社は見立てを早々に行い、内定可能性のある候補者に自社の魅力を理解してもらうことに多くの時間を費やす傾向にあります。

採用における「2つの生産性」

　なお、最終的に内定となるかわからない候補者を口説くことに対して、コストや工数を気にかける企業は少なくはないと思いますが、採用には2種類の「生産性」があることを知っておいたほうがいいでしょう。

　採用における生産性は、**「採用活動の生産性」**と**「採用の生産性」**に分けられます。前者はあくまでも「コスト」という捉え方で「入社者1人あたりにかけた金額（採用単価）や時間」となり、後者は「投資」という捉え方になります。

　業種にもよりますが、入社後にもたらす利益額において個人差・属人性が大きいビジネスであるほど、良い人材を採用するためにかけるお金は「コスト」ではなく「投資」の側面が強くなります。

　採用担当者はこれらをバランスよく考え、「競争力を発揮するために必要な投資」を単なる「コスト」と勘違いして削ってしまわぬよう

注意しましょう（後者は経営陣とも話し合って、覚悟や戦略をすり合わせましょう）。

採用における2つの生産性

「採用活動」の生産性	「採用」の生産性
短期スパンの捉え方	長期スパンの捉え方
入社1人あたりにかかった費用・時間	入社者がもたらす会社の成長
コスト観点	投資観点

2. 情報が浅い
候補者を理解するうえで
必要な4つの情報

必ず押さえておきたい
4つの情報

　採用活動は「情報戦」でもあり、必要な情報がなければ参戦できません。また、情報が不足している状態では、候補者の心情を十分に理解できるはずもありません。

- 候補者が他にどのような会社を受けているのか
- 自社のどこに魅力を感じてくれているのか
- どのような点に不安を感じているのか

　など、採用担当者はあらかじめ情報を十分に収集し、クロージングに向けて準備を万端にしておく必要があります。
　たとえば、あなたの会社では次のようなかたちで内定を辞退されていないでしょうか。これでは必要な情報が不足しており、何の対策もできません。

> 採用担当者「内定者の●●さんから辞退の連絡がありまして……」
> 採用マネージャー「え！　理由はなんて言っているの？」
> 採用担当者「メールには"いろいろ考えた結果"とだけしか書いていません……」
> 採用マネージャー「いろいろって何？　面接ではなんて言っていたの？」
> 採用担当者「すみません、うちの会社の志望動機は聞いていたのですが、他社については"同業種をいくつか受けている"とだけしか……」

　それでは、「押さえておくべき必要な情報」とは何でしょう。私は、少なくとも **a. 企業名**、**b. 気持ちのウェイト**、**c. 魅力**、**d. 不安・懸念** の４点については、面接などを通じて確認し（対話の機会を設けるのが難しい場合はメールでも可）、候補者の心情理解に努めることが重要だと考えます。

　なお、これらをまとめた **「一長一短比較表」**（右ページ表）は、候補者理解・情報把握を進めるうえで効果的なものとなります。次ページに、自社（中堅広告／ディレクター職）、A社（CRMコンサル職）、B社（大手広告会社／営業職）を志望する候補者の事例を挙げてみました。こちらを参考に、それぞれの項目について詳しく説明していきましょう。

一長一短比較表

a. 企業名	A社 (CRMコンサル)	自社 (中堅広告)	B社 (大手広告)
b. 気持ちの ウェイト	50	30	20
c. 魅力	コンサルタントとして、問題解決力が身につきそう	未経験から、クリエイティブの仕事ができる	広告業界に対する憧れ(単なるミーハー？)
d. 不安・懸念	・クリエイティブに携われるわけではない。コンサルタントの立場でそれが可能かどうか懸念 ・CRM部門への配属が確約されている採用ではない	・やりたい気持ちがあるものの、やれる自信があるわけではない ・有名企業ではない点が少し気になっている様子(ミーハーだから)	・漠然とクリエイティブに憧れがあるが、営業配属になることに懸念がある様子
e. 心情	本当はクリエイティブ(プランナー／ディレクター寄り)をやりたいが、未経験ゆえの不安がある。そのため、未経験でも大丈夫そうなコンサル(A社)や広告営業(B社)を受けている状態		
f. 戦い方	〈何を伝えるか〉 ・**自社の魅力**：自社なら未経験からでもクリエイティブ(ディレクター)として成長できる。それを実現させる教育制度と、実際に成長してきた社員たちがいることを伝える ・**他社との違い**：問題解決をするならプロジェクトのスパン的に自社のほうが場数を多く経験でき、クリエイティブだけでなく問題解決スキルの上達も早い 〈どう伝えるか〉 ・元CRMコンサルの社員がいるので、自らの体験談として語ってもらう		

a. 企業名

　競争相手がわからないことには戦いようがないので、具体的な企業名を確認します。時には候補者が断片的な情報でその企業を志望していることもあるので、「本当に○○な仕事をしたいのであれば、Ａ社は遠回りになる可能性が高いのでは」といった会話も可能になります（ネガティブトークにならないよう、伝え方には注意を払いましょう）。

b. 気持ちのウェイト

　自社と他社のマインドシェアを確認します。形勢が有利なのか不利なのかによって、とるべきアクションも異なります。選考途中では、自社のウェイトを高めに伝えられることもありますが、ここでは正直に伝えてもらうことが重要です。

　なお、言うまでもなく重要なのは数字ではなく、その数字にした理由です。なぜそのようなウェイトになっているのか、数字の背景にある考えを対話を通じて確認していきましょう。

c. 魅力

　自社および採用競合各社に対して感じている魅力要素です。候補者の状態によっては、絞りきれていない、魅力を言語化できていないこともあるかもしれませんが、現時点で感じていることやイメージでよいので聞かせてもらいましょう。候補者との対話によって言語化・明確化していくのもいいでしょう。

d. 不安・懸念

各社に対して抱いている不安要素や懸念点の確認です。ここで重要なのは「自社に対する不安・懸念の発見」です。もし不安・懸念が情報不足や事実誤認によって起きているのであれば、情報提供・理解促進といったアクションでそれらを払拭できることもあります。

「もったいない負け」を防ぐためにも、不安・懸念は確実に確認しましょう。魅力と同様、対話を通じて明らかにしていくのもいいでしょう。

情報があれば、戦い方がわかる

これらa～dを確認できたら、候補者の**「心情」**と**「戦い方」**を考えることができます。候補者・自社・他社の状況を総合的に考え、「この候補者には、何をどのように伝えたら自社とwin-winの関係になれるか」を設計してください。

e. 心情

各社の魅力・不安点を踏まえ、候補者が企業や仕事を選ぶうえで大切にしている「軸」や「本音」を把握・整理します。

f. 戦い方

心情を踏まえたうえで、自社はどのように魅力を伝えていくのかを描きます。具体的には、伝えるべき事実情報（自社の魅力・他社との違い）と、伝え方の設計（誰から、何から、どのタイミングで）を考えます。もちろん「この候補者にとって自社は最適な選択ではない」と判断した場合は、無理に口説かない潔さも必要でしょう。

3. 技術が拙(つたな)い

クロージングに必要な5要素「C・L・O・S・E」

採用担当者が身につけておくべきクロージング技術

　採用業務は、他の人事業務と比較して「巧拙(こうせつ)」が如実に表れます。組織としてのクロージング戦術が設計できたとしても、フロントに立つ採用担当者の技術が拙ければ、なかなか成果にはつながりません。

　そこでここでは、採用担当者に必要なクロージング技術を次の5つの要素に分けて説明します。一つずつ見ていきましょう。

クロージングに必要な5つの要素

C・L・O・S・E
クロージングに必要な5要素

- 納得 Convince
- 感動 Love Story
- タイミング On Time
- 戦略的かけひき Strategic Tactics
- 安心 Ease

● 納得（Convince）

当然のことですが、候補者の「納得」がなければ内定応諾には至りません。候補者が自身の意思決定に納得できるよう、採用担当者はまず「理性」に訴えかける必要があります。**オファー理由を理路整然と候補者に伝えることが、採用担当者に欠かせない技術のひとつ**になります。なぜ自分にオファーしてくれたのか、どのような点が評価されたのかなど、候補者が得心しないうちは内定応諾には結びつきづらいからです。

なお、採用担当者の属人性を抑え、組織・仕組みとしてこれにアプローチできている事例としては、**セプテーニグループ**の取り組みが挙げられます。

同社は、ベイズ統計・ロジスティック回帰分析などの統計手法を用いて独自に「活躍予測モデル」を構築しており、個々の候補者の活躍度を予測して、内定時に本人と一緒に判定結果を確認しながら、採用担当者が丁寧にフィードバックしています。[41]

セプテーニグループのデータを用いた人材育成・採用の取り組み（→172ページ参照）は、採用担当者であれば必ず押さえておきたい事例と言えるでしょう。

● 感動（Love story）

前出の「納得」が理性に訴えるアプローチであるのに対し、「感動」はエモーショナルな部分へのアプローチとなります。就職・転職は人生の転機となるので、内定者に気持ちよく応諾してもらい、他社ではなく自社に決めてもらうためには感動が功を奏することがあります。

---

[41] セプテーニグループ「人材育成の考え方」 http://www.septeni-holdings.co.jp/recruitment/hr_development/concept/index.html#innovation

セプテーニグループ「人材育成の考え方」

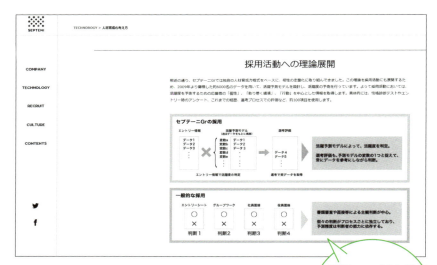

採用ページ内には同社の人材育成・採用についての考え方がまとめられている

なお、感動と言っても大掛かりな演出が必要なわけではありません。「内定者に面と向かって期待感や気持ちを伝える」「内定者へ手紙を書く」「心をこめて握手する」など、簡単に始められるところから着手してみてはいかがでしょうか。

また、内定までのプロセスで候補者と真剣に向き合い、本音のやりとり・意思疎通ができていれば、それまでの経緯を対話で振り返るだけでも十分に感動的なものとなります。

● タイミング(On time)

必要な時に必要な対策ができているかどうかは、クロージングの成果に大きな影響を与えます。「気づいたら手遅れ」とならないためにも、内定者の活動状況やマインドシェアには常時留意しましょう。熟練の採用担当者の「イヤな予感」は往々にして当たります。

● 戦略的かけひき(Strategic Tactics)

採用活動が競争である以上、時には「かけひき」も重要です。クロージングに長けた採用担当者は「天使」と「悪魔」両方の顔を持っています。「天使」の側面だけを持つ採用担当者は、印象の良さから序盤のアトラクトは得意であっても、終盤でのかけひき、交渉、口説きに苦手意識を持つことがあります。採用マネージャーは、採用担当者の役割分担において適材適所を心がけましょう。

● 安心(Ease)

大事な意思決定において、「安心感」は重要な要素となります。選考フローを通じて、「この会社は自分のことを十分に理解してくれて

いる」という安心感、待遇（給与、勤務地など）における不安の少なさ、ほかの従業員とうまくやっていけそうという実感などを内定者に持ってもらえるよう、採用担当者は施策を考える必要があります。

たとえば、**SmartHR** では短期コース・長期コースの2種類の「エンジニア向けの体験入社制度」をつくり、候補者の理解促進や安心感醸成に努めています。同社ブログによると、条件や内容は次のようになっています[*42]。このような取り組みは、候補者にとって安心材料のひとつとなるのではないでしょうか。

SmartHR「エンジニア向けの体験入社制度」

〈短期コース〉

- **期間**
  1～2日

- **条件**
  Ruby on Rails を活用した Web アプリケーション開発の実務経験がある方、書類審査（職務経歴書／GitHub や SNS・ブログ上の活動など）

- **コースメニュー**
  30分で開発環境構築、いきなりプルリク、歓迎ランチ（の練習）、弊社メンバーとペアプログラミング、デプロイ

- **こんな方にオススメ**
  SmartHR の開発スタイルを体験してみたい方、実際に現場のコードを触ってみたい方、今の職場も好きだけどちょっと気になっている方

[*42] SmartHR「エンジニア向けの体験入社制度ができました」https://tech.smarthr.jp/entry/2018/09/20/120000

〈長期コース〉

- **期間**
  ２週間〜最長３ヵ月

- **条件**
  Webアプリケーション開発の実務経験がある方（言語／フレームワーク問わず）、書類審査（職務経歴書／GitHubやSNS・ブログ上の活動など）、技術面接

- **コースメニュー**
  （短期コースの内容に加えて）、週次のスクラムMTG参加、週次の経営会議・共有会への参加など

- **こんな方にオススメ**
  実際どれくらいオープンな社風なのか身をもって体験したい方、上場や買収で会社の文化が大きく変わってしまった、次の会社は文化がフィットするかも踏まえてゆっくり探したい方、勢いで転職したけど失敗した、３ヵ月働きながらゆっくり次の仕事を探したい方、体験してみてよさそうだったらそのまま入社したい方

- **勤務形態**
  コアタイム10:00〜16:00（時短相談可）、開発端末の貸与有・持ち出し不可、長期コースの場合は社保加入可能です

4. 内定が軽い
そこに「意味のある重み」はあるか

内定に「重み」が生まれる5つの要素

　人は簡単に手に入るものには、あまりありがたみを感じません。内定も同様で、あっさりもらえた内定と苦労の末に勝ちとった内定では、重みが違って感じられます。内定辞退で悩んでいる場合は、自社の内定が軽いものになっていないか、今一度確認してみることをおすすめします。

　もちろん、ありがたみを高めようといたずらに選考フローを増やすことは「選考途中辞退」につながりやすくなるだけなので、こうした"意味のない重み"は避けなければなりません。候補者にむやみに負荷をかけ、サンクコストを踏まえて判断させる(苦労の末に得た内定だから重みがあると錯覚させる)のは避けたほうがよいでしょう。

　それでは"意味のある重み"を生むには、どうすればいいでしょうか。ここでは、次の5つの要素を挙げてみたいと思います。

内定に「意味のある重みを生むため」に必要な5つの要素

理解度：自分を深く理解してくれていて、わかりあえているという感覚
本音感：表面的でなく、候補者と従業員がお互いに本音でコミュニケーションできているという感覚
真摯さ：一緒に働きたいという真摯な気持ちを感じられるオファー
特別感：限られた貴重なポジションに選んでもらえたという感覚
期待感：自身が期待されているという感覚

　これらはつまり、候補者に正面から向き合うことこそが重要ということであり、この点においては、**CRAZY**の「ライフプレゼンテーション」*43 という取り組みが群を抜いています。これは、新卒・中途にかかわらず、最終選考時に人生・働く理由・大切にしているものなどについて、候補者から社員たちに向けてプレゼンをしてもらうというものです。なお、プレゼン準備期間中は「バディ」となる社員が伴走役となり、彼らが双方の理解・結束を深める重要な役割を果たしています。

CRAZY「ライフプレゼンテーション」

*43　CRAZY「ライフプレゼンテーション」（選考手法としては2017年まで実施。2019年時点では入社後3ヶ月経過時に実施している）
　　https://www.dodadsj.com/content/171213_crazy/

5. スタンスが狭(こす)い

ポジティブトーク化を通じ、自社の魅力を見つめ直す

ネガティブトークは、自社の採用力を下げる

　人は弱いものです。ただし、採用担当者はその弱さを乗り越えなければなりません。

　自社よりも人気のある企業と競合した際に、競合企業への意向を少しでも下げようと「ネガティブトーク」にすがりたくなることもあるでしょう。しかし、**ネガティブトークに頼るようになると、自社の採用レベルを向上させることが難しくなってしまう**ので、そこはグッと踏みとどまりましょう。

　自社の相対的な強みを明確化するために、業種別・競合企業別カウンタートークを用意するところまではよいのですが、ネガティブトークのレベルまで発展してしまうのは、自社の評判という観点からもおすすめできません。採用担当者は、あくまでも自社の魅力を「ポジティブトーク化」して伝える必要があります。ポジティブトーク化を意識することは自社の魅力を見つめ直すことにもつながり、結果とし

て採用力向上につながるでしょう。

　なお、具体的なポジティブトーク化の例としては、次のようになります。これは、ベンチャー企業Ｂ社（歴史ある名門企業Ａ社が採用競合）の事例です。ポジティブトーク化により表面的な印象値が向上しただけでなく、自社の魅力も効果的に伝えられていることが一目瞭然かと思います。

ポジティブトーク化の事例

「確かにＡ社ならこの業界では有名だから、アポをとるのも簡単だし、自分が力不足でも会社のブランドで仕事ができると思うよ。で、君はその印籠が欲しいの？ 印籠がないとやっていけない人なの？」

ポジティブトーク化

「僕たちはまだまだこれから歴史をつくっていく会社です。ここ数年で業績は急激に伸びてきていますが、それでもまだＡ社さんほど名前は知れ渡っていません。お客様からのアポイントを１件いただくのにも苦労するかもしれません。

　でも、その苦労を僕らの仲間として一緒に分かち合ってくれませんか？ 今後も新しいサービスをどんどんつくっていくので、その立ち上げフェーズでは０を１にしていく醍醐味を味わえる機会が多いと思います。

　もし、○○さんが今後の人生で「自分のサービス」を立ち上げていきたいと考えるなら、このような経験はかけがえのない財産になるはずです。偉大なるＡ社さんを超える会社を、一緒につくりませんか」

6. 戦略が粗い
候補者の心情の流れをデザインする

候補者の心の流れを「ジャーニーマップ化」する

　人の心には「流れ」があります。ターゲット人材の心情を想定し、動かし、心の流れをどう導くかを考える。この一連のプロセスを採用担当者がデザインできれば、候補者との関係性をより強固なものにすることができます。

　心の流れをデザインするという点では「マーケティング」がその参考になりますが、事実、マーケティング手法には採用活動に応用できるものが多くあり、ヒントを得られることもあります。

　そこでここでは、数あるマーケティング手法の中でも「対象者の心情変化をきめ細かく設計する」という点で採用に応用できそうな「Customer Journey Map（カスタマージャーニーマップ）」を用いて、採用活動への応用法を解説します。

　「Customer Journey」には次のような定義があり、Customer Journey Map として整理すると182・183ページのようになります。

Customer Journey（カスタマージャーニー）

顧客と企業とのあらゆる接点を時系列に見通して、顧客との最初の接点から始まる一連の体験ストーリー（直接接点、間接接点、心理状態、態度変容など）をパターン化・可視化し、「顧客の理解」や「ブランドの一貫性の維持」、「顧客価値の最大化」などを行うための基盤／マップとなるモノ、もしくはそれらを総称する概念。

「カスタマージャーニー型」ウェブ解析実践講座（内野明彦、2013/7/6）より引用

これを採用活動に応用するとしたら、以下のような定義になるでしょう（Candidate＝候補者）。

Candidate Journey（キャンディデイトジャーニー）

候補者と企業とのあらゆる接点を時系列に見通して、候補者との最初の接点から始まる一連の体験ストーリー（直接接点、間接接点、心理状態、態度変容など）をパターン化・可視化し、「候補者の理解」や「採用ブランドの一貫性の維持」、「候補者の価値の最大化」などを行うための基盤／マップとなるモノ、もしくはそれらを総称する概念。

なお、「Candidate Journey（キャンディデイトジャーニーマップ）」は184・185ページのようになり、採用活動全体を「ターゲット人材と自社が結ばれるまでの一連のストーリー」として成立するよう時系列で整理し、ターゲット人材の心情・認知が、どのような施策によって、どう変わっていくかを設計したものとなっています。

Customer Journey Map 事例
国内ビジネススクール A大学院
（東京／学費は2年間で300万円／夜間プログラムあり）

フェーズ・ステージ	出会う・探す	足を運んで調べる
タッチポイント	・ビジネスパーソン向けWEB媒体 ・ビジネスパーソン向けTV番組 ・Facebook/Twitter（拡散手段）	・大学院説明会 ・大学院のサイト
課題	・認知の獲得 ・必要性の喚起	・国内MBAのメリット訴求 ・自校のメリット訴求
マーケティング担当者のアクション	・受講生のインタビュー記事を掲載（広告記事） ・ビジネススクール教授がコメンテーター・解説役として出演	・説明会やサイトで、教授からのメッセージや実際に学んでいる学生からの体験談を伝える ・説明会後に個別相談会を設けて、素朴な疑問を解消する
ペルソナの行動・認知・感情変化	「MBAってすごそう、通ったら成長できるかな？」 「楽しそうだけど、お金がかかりそう。周囲に通っている人がいなくて、情報がなく不安」 「国内の夜間MBAという手段もあるのか。海外に2年間は無理そうだけど、国内なら働きながら学べそう」	「なんとなく概要がわかってきた。母校にMBAプログラムがあることを初めて知った。でも、他の学校も調べてみよう」 「説明会もあるようだから参加してこよう」 「同じような課題感を抱えている人たちが学んでいることがわかった」
ストーリー	ビジネススクールの存在を知り、実態不明で不安はあるけど、調べてみる気にはなった	実態がわかってきて意欲が向上。とはいえビジネススクールは数校あるので、どこがいいのかピンとこない。学費も高いので慎重に決めたい

第3章 結ばれる　内定辞退に至る「7つの失敗+1」

ペルソナ

- 33歳 / 男性 / 独身 / 都内在住
- 大学卒 / 大手製造業勤務 / 営業職を4年経験したのちに人事職に異動して6年
- 仕事に慣れてきて、いろいろ任されるようになってきたが、最近は自身の成長が踊り場にきている感がある。もう一段成長の機会が欲しいが、しばらくは似たような仕事が続きそう（このままでいいのだろうか）。入社当初は漠然と海外の仕事に興味があったけど、しばらくチャンスはなさそう

比較検討する	意思決定する
・大学院説明パンフ（説明会時に配布） ・ビジネススクールに通う人のブログ	・合格者フォローアップ相談会
・他校との違いを明確化	・意思決定のサポート（後押し）
・大学院説明パンフ内で、自校独自の特色を伝える（WEBでは分量が多くて読みづらいと思われる教授陣のインタビューや、具体的な授業の科目、制度など）	・合格者に対してじっくり時間をかけて、自校を選んでもらえるように face to face で働きかける ・個別の悩みの解消、入学に対する障害の排除、不安払拭
「どの大学院も少しずつ違いがあって迷うけど、具体的な講座の内容を読んでいると、自分の関心の在りどころがわかって面白い」 「この大学院は教授陣の顔ぶれだけでなく、海外の○○ビジネススクールと短期交換留学の制度があって興味が湧いた（仕事での海外キャリアを広げるきっかけになるかも）」	「複数の学校に合格したけど、この学校ははじめから志望していたし、不安に思っていた『仕事と学業の両立』や『学費』などについて相談に乗ってもらえて、自分の中で課題がクリアになった。ここに決めよう」
志望順位が決定。あとは合格した学校の中から最終的に決めることにする	不安も晴れてスッキリ。仕事との両立の大変さを認識しつつもハラを決める

183

Candidate Journey Map 事例

ステージ・フェーズ			10月	11月〜	
タッチポイント			採用広報	体感セミナー	セミナー後面談
採用課題		出会う	認知の獲得	自社への理解促進	
		見立てる		セミナー後に面談に呼ぶ学生を見つける	今後、集中的にフォローする学生を選別
		結ばれる		心の距離を縮める	
			B to Bのビジネスゆえ、一般的な学生からの認知度が低いので、まずは【認知の獲得】が課題	【ビジネスの理解】を促進するとともに、顔と名前が一致するレベルで【心の距離の接近】を図る	ここで【振り分け】を行う。45分話したなかで、今後集中的にフォローしていきたい学生を選別
採用担当者のアクション			1日1本、社内風景を動画でアップ。加えて、ソーシャルグラフが広い社員たちがそれらをSNSで拡散しまくる	●●職の業務を疑似体験できる体感セミナー。1回4時間と長丁場だが、少人数で週3回実施	体感セミナーで目にとまった学生を個別に面談に招待し、45分ほどざっくばらんに話す。自己分析を一緒に行う
候補者の行動・認知・感情変化			「この会社、採用HPが面白い！　セミナーも参加者の満足度が高そうだから行ってみよう」	「ワーク内容も、社員のトークも面白かった。今後、ちょっと動きを見ていきたいな」	「セミナーに参加しただけなのに、いろいろとフォローしてくれて親切な会社だな。社員にも何人か会わせてもらって、この会社を好きになった」
ストーリー			「なんとなく広告に興味がある」「体感セミナーに参加した友人の満足度が高かったので気になった」「採用HPが面白い」くらいの軽い気持ちで、体感セミナーに参加。今までよく知らない会社であったが、仕事内容を体感できたことで興味が湧き、気になり始める。		

	12月〜	3月〜	4月〜		6月〜
	人事面談	人事マネージャー面談	役員(最終)面接	最終面接後面談	入社まで
	候補者からもう一段絞る	ジャッジ	最終ジャッジ		
	マインドシェアの向上	思考整理の手助け、ハラ決めさせる		感動的な内定	オートで熱量をキープ、同期の関係性を深める
	最初の難関を設ける。高い壁（数度の面談）で【選別の精度向上】を図り、同時にそれを乗り越えてもらうことで【マインドシェア向上】を図る	【ジャッジ】と同様に、最終面接に臨む前の【思考整理】【ハラ決め】を促す	最終的な【ハラ決め】の確認	【感動的な内定】により、気持ちを極限まで高めて、自分が入社する会社はここだと確信させる	内定者同士で入社へのモチベーションをさらに高め合う。【オートで熱量をキープ】【同期の関係性を深める】
	セミナー後、面談で選んだ学生に対し、相互理解の面談を数回重ねる。最後に実質上の面接を行う	人事マネージャーが、全ての面接の中で最も厳しい水準で見立てる	現場経験豊富な役員の、直観もあてにした面接（「なんかちょっとひっかかる」はけっこう当たる）	合格者には最終面接直後（ホットな状態）、もしくは別日に呼び出して内定を伝える。理由と気持ちを伝える	内定者懇親会でグループワークのお題発表。8月の内定者合宿でワーク
	「今まで自分のいいところを見つけてくれ、自信をつけてくれた就活の恩人Aさん（採用担当者）に、真剣勝負を挑んで勝ちたい」	「正直怖いが、人事Aさんも応援してくれているし、何よりも自分のために正々堂々と臨みたい。この会社に嘘はつきたくない」	「もはやここまで来たら自然体ですべてをぶつけるしかない。人事Aさん、今まで就活を見守り、指導してくれてありがとう」	「やりきったが、結果がすごく気になる。結果が知りたい。勝っても負けても、フィードバックを受け入れたい」	「将来の仲間たちと会いたい」→「仲間になれそうな気のいい人たちが多そう！」
	美大生でもない自分には「広告制作」の仕事は無理だという先入観を持っていたが、採用担当者や現場で活躍する社員たちの話を通じて、「実は努力次第で活躍できる」ことを知り、本格的に興味が湧いてくる。社員の人柄も魅力に感じ、志望度が高まる。面接では「本当にこの会社で頑張りたいのか」と覚悟を問われ、腹をくくるようになる。			体感セミナーからずっと自分に向かい合ってきてくれた採用担当者に応援してもらい、最終合格。迷うことなく内定応諾する。他の内定者とも会わせてもらい、社会人生活が待ち遠しい状態になる。	

Candidate Journey Map は、次の5つの要素で形成されています。

Candidate Journey Map の5つの要素

a. **ステージ**：時期やフェーズ
b. **採用上の課題**：認知獲得、理解促進、動機形成、意思決定促進 など
c. **採用担当者のアクション**：WEB上での告知、セミナー、面談、面接 など
d. **候補者の行動・認知・感情変化**：「ワクワク」「不安」「知りたい」「Ａ社は●●な会社かも」など
e. **（上記を踏まえた）ストーリー**：出会ってから結ばれるまでの一連の流れをわかりやすく可視化したもの

※右ページにて、とある〈採用企業・募集ポジション〉〈ペルソナ〉における「e. ストーリー」の設計例をまとめましたので参考にしてみてください

このように、採用活動を一連の流れでおさえ、どのように候補者を内定まで導くかを設計しておくことで、内定辞退はもちろん、それぞれの段階におけるコミュニケーションの質も高まります。

基本ストーリーの作成事例

〈採用企業・募集ポジション〉

- 広告制作会社における「制作ディレクター職」の新卒採用。to B領域ということもあり、ほとんどの就活生には知られていない企業
- 制作ディレクター職とは、企業が抱えている悩みを広告を手段として解決する中心人物であり、問題解決のための基本プランニングや、制作時のディレクション業務を担当する
- 問題解決のプランニング技術や、クリエイティブのディレクション業務については入社後の研修やOJTにより身につけていけるので、新卒採用時にはそのベースとなる思考力（事実ベースで考えられる、原因を考えられる、構造を考えられる）、ガッツ（理屈を振り回さず行動を重ねられる）、コミュニケーションスキル（人をその気にさせられる、わかりやすい説明ができる）、職人気質（クオリティ感覚がある、細かい違いを気にする）が求められる

〈ペルソナ（ジャーニー開始時のターゲットの状態・人物像）〉

- 就職活動を始めたばかりの大学生。面白いこと、新しいこと、人に喜んでもらうことが好き。そのためマスコミや広告代理店に興味を持っているが、何がやりたいかまではわかっていない状態
- 何かをつくりたいという気持ちはあるけど、美大生のように今まで手を動かして技術を磨いてきたわけではないので、まさか自分がクリエイティブの仕事をできるとは思えていない

ストーリー

- 序盤：「なんとなく広告に興味がある」「体感セミナーに参加した友人の満足度が高かったので気になった」くらいの軽い気持ちで体感セミナーに参加。会社のことが気になり始める。
- 中盤：美大生でもない自分には「広告制作」の仕事は無理だという先入観を持っていたが、採用担当者や現場で活躍する社員たちの話を通じ、「実は努力次第で活躍できる」ことを知り、本格的に興味が湧いてくる。社員の人柄も魅力に感じ、志望度が高まる。
- 終盤：体感セミナーからずっと自分に向かい合ってきてくれた採用担当者に応援してもらい、迷うことなく内定応諾。他の内定者とも会わせてもらい、社会人生活が待ち遠しい状態になる。

なお、消費者が商品に出会ってから購買行動に至るまでの消費行動モデルとしては、ほかにも以下のようなものがあります。

・**AIDMA**（Attention／認知、Interest／関心、Desire／欲求、Memory／記憶、Action／行動）

・**AISAS**（Attention／認知、Interest／関心、Search／検索、Action／行動、Share／共有）

・**SIPS**（Sympathize／共感、Identify／確認、Participate／参加、Share & Spread／共有＆拡散）

Candidate Journey Map は新卒採用のような長期戦を前提としていますが、ターゲット人材や自社の採用活動のスタイルに応じて、最適な手法を選び、応用していきましょう。

7. チームが弱い
担当者ごとの役割を明確にし、強化する

面接官の4つの役割

　野球では一口に「投手」と言っても、先発、中継ぎ、ワンポイント、クローザーなどさまざまな役割があり、投手個々人の適性に応じた役割がアサインされます。

　これは「採用担当者」も同様です。採用する人数の規模感にもよりますが、1人の採用担当者がすべてのフローを設計し、プランニングやプロセスマネジメント、クロージングまでを一通り実行するのは難しいものです。そのため、採用マネージャーは採用担当者それぞれの特性に合わせた役割をアサインし、採用を成功に導く必要があります。

　特に、内定応諾に向けては「面接での役割分担」が重要になります。この点では、「候補者が内定応諾に至るまでに必要な面接官の役割」を細分化した**ビズリーチ**[44]の事例がわかりやすいと思います。同社では、「面接官」の役割を次のようにフォロワー、モチベーター、イン

---

[44] ビズリーチ「候補者の入社意欲を高めて逃さない、面接における4つの役割とは」
https://www.hrreview.jp/mid-career/1446/

パクター、クローザーの4種類に分け、それぞれのミッションやタスクを細分化しています。

①フォロワー
　候補者に寄り添いながら、不安や疑問を一つひとつ解決していく役割です。採用プロセスの始まりから終わりまで、候補者にとって「1対多（候補者 対 自社）」ではなく、「2対多（候補者＋フォロワー 対 自社）」になるよう、一貫して候補者の味方に徹します。フォロワーは、一般的に窓口となる人事担当、現場マネージャー、現場メンバーが担います。候補者がインパクターやクローザーに「会いたい」と思うように話をしたり、候補者の本音を聞き出しつつ、それを他の面接官と共有し、候補者に合った選考フローを組み立てたりします。

②モチベーター
　入社意欲を高め、志望動機をつくる役割で、基本的に最初の面接を行う存在です。人事担当や現場マネージャーが担います。モチベーターは、自身が入社した経緯や自社の魅力を伝えるだけでなく、候補者がどのような将来像を描いているのか察し、「この会社で◯◯を実現したい！」と思えるよう、挑戦したい気持ちや志望動機を形成します。対応のタイミングやスピード感などに気を配り、意図的に縁を演出することもあります。

③インパクター
　インパクト（＝気づき）を与え、自社を印象づける役割です。インパクトとは、候補者がまだ知らない、自社に関する新たな視点を与え、「この人と一緒に働きたい」と思わせるような強い動機づけを行うこと。そのた

め、インパクターは社内で最も活躍している人や優秀な人に担ってもらうと効果的で、現場のトッププレーヤーやトップエンジニア、部長・役員クラスが適任です。動機づけだけでなく、自社で働く覚悟も問い、次のクローザー（最終面接者）へとつなげます。

④クローザー

営業におけるクロージングと同様に、候補者に入社を決断させる役割で、社長や役員が担います。優秀な候補者であっても、迷いが消えないまま入社してはその優秀さを存分に発揮できないでしょう。入社後の活躍のために重要なのは、覚悟を持って決断した上で入社しているかどうか。その決断を迫り、内定承諾、入社へと導きます。

①フォロワー（＝リクルーター）

役割：候補者を
1 対 多（候補者 対 会社）にしない
2 対 多（候補者＋フォロワー 対 会社）にする

・候補者の味方になる
・本音を把握する
・インパクター、クローザーに会うことのメリットをつくり、候補者に「会いたい」と思っていただきつなぐ

②モチベーター

役割：候補者に魅力を伝える
基本的には1次面接はモチベーターが行う

・会社の魅力を語る
・ドラマをつくる（縁を感じさせる）
・将来像と会社をリンクさせる
・対応タイミング・スピード感等で縁を演出する

③インパクター

役割：インパクト（＝気づき）を与える
※「インパクト＝強く言う」という意味ではない

・この会社で学びたいと思わせる
・覚悟を問い、次のクローザー（最終面接者）へつなげる

④クローザー

役割：決断を迫る（クロージング）
最終面接者

・意思決定を促し、決断に導く
・迷いを断つ

ビズリーチ「候補者の入社意欲を高めて逃さない、面接における４つの役割とは」より引用

採用チームを強化するために知っておきたい採用担当者8つの役割

　また、クロージングに限った話ではありませんが、グローバル企業では、採用担当者のポジションを細分化し、それぞれのポジションの専門性を高めていることがあります。

　採用担当者はそれぞれ個性が異なり、苦手なことで成果をあげるのは難しいので、（リソースは潤沢ではないかと思いますが）最適な布陣で採用活動に臨みましょう。下記に、採用担当者の役割を細分化しましたので、参考にしてみてください。

採用担当者8つの役割

ポジション	役割	必要なもの・こと	前職の一例
マネージャー	ピープルマネジメント リソースマネジメント プロジェクトマネジメント	・経営課題と採用課題とを結びつける ・他のHR(BP／労務／教育)との横つながり ・ステークホルダーとの連携	HR系マネージャー プランナー
プランナー	アナリティクス 採用戦略構築 各種プランニング	・ロジック構築 ・数字に強い ・相場観、引き出し	プランニング系職務 リクルーター
マーケター	ブランディング クリエイティブ マーケティング	・マーケット感覚 ・言語化能力 ・クリエイティブディレクション	マーケティング 広告制作

リクルーター	エージェント対応 プレゼンテーション インタビュー	・目標達成意欲 ・アトラクトスキル ・インタビュースキル（含クロージング） ・エージェントやベンダーとのリレーション	営業（個人向け） 人材紹介の求人企業担当、求職者担当
スカウト リクルーター	スカウト 面談 応募促進	・会っても大丈夫と思わせる安心感 ・面談スキル（含クロージング） ・人に会いに行くのが好き	リクルーター 人材紹介の求職者担当
エグゼクティブ リクルーター	エグゼクティブ採用に関する一連のタスク（ほぼすべてのフロー）	・高次のビジネス理解 ・エグゼクティブ対応スキル ・エグゼクティブ人脈構築	エグゼクティブサーチ
ソーサー	ソーシング タレントプール スカウト	・ソーシングツールの活用 ・検索スキル ・タレントマッピング	人材紹介の集客担当 コーディネーター
コーディネーター	面接調整 入力オペレーション 進行管理	・ヌケモレ・失礼のなさ ・パラレルタスクの同時進行 ・単調な作業への耐性	細かい作業が要求される派遣スタッフなど

なお、**日本アイ・ビー・エム**では、ダイレクトソーシングを推進していくために採用チームを TAS、TAP、TAC の 3 つの機能で編成し、チームとしての総合力をより発揮しやすい布陣へと再構築しています。[*45]

タレント・アクイジション・サーチ・パートナー（TAS）
最も前工程でサーチやスカウトを行い、タレントプールをつくるチーム

---

*45 ダイレクト・ソーシングジャーナル 「日本 IBM が推進するダイレクト・ソーシング最適化を目指した採用組織の変革とは？」 https://www.dodadsj.com/content/180118_ibm_sugimoto02/

タレント・アクイジション・パートナー（TAP）

ジョブ・ディスクリプションに最適な人材をタレントプールから探すチーム

タレント・アクイジション・コーディネーター（TAC）

採用プロセスに乗った後のプロセスや採用マネージャーとのコミュニケーションを担当するチーム

日本アイ・ビー・エム 採用組織の再構築

出典：ダイレクト・ソーシングジャーナル「日本IBMが推進するダイレクト・ソーシング 最適化を目指した採用組織の変革とは？」

+1. フォローが弱い
内定応諾後に潜む3つの落とし穴

採用担当者は、
入社まで「不安」でいることが大切

　内定を応諾してもらってホッと一息つきたい気持ちはわかりますが、採用担当者はこの状況においてもまだ安心してはいけません。内定応諾後には、関心低下、競合出現、接触減少という3つの落とし穴があるからです。

内定応諾後の「3つの落とし穴」

関心低下：自社の採用担当が油断してしまい、内定者に対する関心が一時的に低くなる
競合出現：採用競合が減ったのをいいことに、そこを狙う新たな競合が現れるリスクがある
接触減少：採用活動中と比べて内定者と会う機会が減るので、内定者の心変わりや動きを察知しづらい

内定応諾してもらえたからといって安心してしまうと、「油断しているうちに内定者にアプローチする他の企業が現れ、気づかないうちに辞退されてしまった」といった事態にもなりかねません。そうならないためには、入社までの内定者フォローが非常に重要となります。応諾後の辞退を防ぎ、入社初日を気持ちよく迎えられるようなフォローを採用担当者は心がけましょう。

　なお、フォロー施策の一例としては、次のものが挙げられます。

● 内定後面談や食事

「無事卒業or退職はできそうですか？」「周囲は喜んでくれていますか？」といった会話により、入社までに向けて問題がなさそうかどうかを確認するとともに、本人の心配ごとをフォローする。

● 内定者懇親会、配属部署紹介

　参加者の組み合わせ次第では、内定者の意欲を低下させる恐れがあるので十分に気をつけて実施する（未応諾状態の内定者たちのつながりをつくると内定辞退が連鎖しやすくなるなど）。

● 会社の動きを伝える

　社内報を送付する、会社紹介のメールを送るなどし、会社の一員としての意識を徐々に植えつけていく。

辞退されても、別れ際は「美しく」

　最後に。採用担当者にとって内定辞退は胃が痛くなるほどの苦痛であり、辞退した候補者に苦言を呈したくなることもあるかもしれません。時には、人間不信に陥ることもあるでしょう。

　しかし、別れ際の美しさは何よりも重要です。数年後、その候補者がキャリアチェンジを考えた際に**「自分たちをもう一度選んでもらえるような関係性」**を構築していくことこそが採用担当者としての務めであると私は考えます。採用はすべて、未来のためにあります。

最終章

採用担当者に必要な技術と魂

成長する会社に必要な採用担当者のマインドセット

人事が向き合い続けるべき「3つの問い」

　ここまでに、さまざまな企業事例を紹介してきましたが、最後に採用担当者にとって大切なマインドセットや考えるべきことについて、私の考えをお伝えしたいと思います。

　人事の世界では定期的にバズワードが生まれます。ここ数年でざっと思い当たるだけでも、リファラル採用、ダイレクトリクルーティング、戦略人事、No Rating、女性活躍、働き方改革、1on1、ティール組織、HRBP、採用広報、CHRO、副業、リモートワーク、People Analytics、HR Tech……など枚挙に暇がありません。SNSやビジネス系メディアをにぎわすこれらの概念や事例は、あたかも正しいことのように君臨し、多くの悩める人事担当者にとっては救世主のように見えることもあるでしょう。

　ただし、採用担当者として忘れてはならないのは、「いきなり解に飛びつかない、先にHowを求めない」ということです。本書におい

ても多くの事例を取り扱いましたが、**人事の務めはあくまでも自社の事業と組織と人の課題に向き合うこと**であり、他社の「解」(＝他社事例・ソリューション)に飛びつく前に、まずは人事にとって重要な「問い」に向き合うこと、これに尽きると私は考えます。

それでは、人事にとって重要な「問い」とは何か。私は次の3つだと考えています。

人事にとって重要な3つの問い

---

① **事業特性**：自社の事業の構造・メカニズムは？　自社の事業はどうすれば成長していくのか？
② **組織能力**：「事業特性」を踏まえた際に、自社にとって必要となる組織能力は何か？
③ **人事施策**：「組織能力」を実現させるために何をするか？
　　　　　　　（採用はこれらの施策のうちの一つに過ぎない）

これらをセットで考え、一貫性を持たせて実現させていく。これこそが人事の役割と言えるでしょう。人事の役割は「経営に資す、事業に資す」、あくまでも「事業を伸ばしてこそ」です。そのためには、これらのハードな問いから逃げてはいけません。

それでは、具体的にはどう考えればいいか、2012年の分社化前のリクルートの事例を用いて説明します。

① 事業特性

分社化前のリクルートでは、売上の約7割が人材サービス領域、約

3割が販促支援の領域でした。これらの事業の特性として挙げられるのは「景気連動性が極めて高い」ということです。

クライアント企業では好況時に多くの求人・派遣募集をするので人材サービスの売上は大きく伸びますし、リクルートの販促メディアにも積極的に予算を投下します。ただし、不況時には真逆の傾向となり、採用費も販促費も大幅に削られてしまいます。

② 組織能力

そうなると「好況時には売上を伸ばすために大量に人を増やす、不況時にはコストを抑える」ことが必要となるリクルートには、おのずと高い「人件費の調整能力」が必要となります。

好況時に人を増やすのはいいのですが、コストの大半を占める人件費を不況の際に抑えられないと事業が行き詰まることになるので、リクルートのような企業においてはOut施策もセットで準備することが必須となります。

また、リクルートは顧客・事業の特性上、5年選手であっても20年選手であっても売上金額に大きな差が生まれづらいので、若手メンバーがミドルに差し掛かるあたりに一定の割合で卒業していく(もしくは数年間限定の契約社員として採用し、定期的に卒業していってもらう)ことが望ましくもあります。

③ 人事施策

そのため、リクルートの人事戦略は「まずは優秀な人材を多く採用し(In)、早い段階から彼らのポテンシャルを引き出し(Grow & Motivate)、一定の時期に一定の人が気持ちよく卒業、もしくは不況

時に人員数を素早く絞れる(Out)状態を実現する」と言い表すことができます。

　リクルートの人事施策については、採用施策・育成施策・モチベート施策などに目が行きがちですが、他社がなかなか真似できない**リクルート人事の真骨頂は、「Out」の人事施策群をベースとした人件費の調整能力にある**と私は考えています。

　ここ数年のリクルートは、分社化、グローバル強化、サービスの多様化、働き方改革などが随分と進んだため、現在はこのようなモデルではないかもしれませんが、少なくとも10年前のリクルートの事例は実に見事です。

「事業特性」「組織能力」「人事施策」の一貫性(リクルート)

事業特性
- 人材サービス領域(求人メディア等)が売上の約7割、販売支援領域(進学・ブライダル・住宅等)が約3割
- 人材サービスも販促支援も、景気との連動性が極めて高い(好況に強く不況に弱いが顕著)

キーとなる組織能力
- 「人件費の調整能力」
- 好況時には優秀な人材を「素早く」「大量に」採用できる
- 不況時には人件費を素早く下げられる

人事施策

まずは優秀な人材を多く採用し(In)、早い段階から彼らのポテンシャルを引き出し(Grow & Motivate)、一定の時期に一定の人が気持ちよく卒業、もしくは不況時に人員数を素早く絞れる(Out)状態を実現する

In 施策
- 採用はエースに任される重要な任務という位置づけ
- 採用は「品質・量」を優先し、採用費・工数は二の次

Grow & Motivate 施策
- 「自ら機会を創り出し、機会によって自らを変えよ」
- 高い給与・インセン・表彰による意欲喚起
- 成長実感が得られやすいマネジメント
- 有期社員にも活躍の場を提供
- 若手社員の抜擢

Out 施策
- 独立意欲が旺盛な人を多く採用
- リクルートで偉くなってもしょうがないという意識づけ
- 外の世界でも通用する人材にする
- 降格・降給あり
- フレックス定年制、退職金上乗せ制度
- 有期社員構成比が高い

このように自社の「事業特性」を理解し、それをベースとして自社の成長を実現させる「組織能力」と、採用以外の観点も含めた「人事施策」をデザインし実行する。これこそが今も昔も変わらず、人事に関わる者として必要なことではないでしょうか。

　採用が重要であることは間違いないですが、あくまでも自社を成長させる1ピースでしかありませんので、採用担当者は採用に限らず人事全体・事業全体の理解に努めましょう。

リクルーターシップ
〜採用担当者が発揮すべき21の行動指針〜

　最後に、採用担当者が発揮すべき21の行動指針として「リクルーターシップ」を紹介し、本書を締めくくりたいと思います。

　採用担当者は孤独なもので、中小企業では人事担当者が通常の業務の一環として採用活動を行い、専任の採用担当者が周囲にいないことも珍しくはありません。

　また、大手企業でも、大規模採用であればポジションごとに担当が分かれており、その苦労を分かち合える人はそれほど多くないかもしれません。そのような状況では、何が正しいのか、果たして自分の考えは合っているのか、不安になることもあるでしょう。

　そこで、このように困っている採用担当者の方の指針となればと思い、最後に**「リクルーターシップ 〜採用担当者が発揮すべき21の行動指針〜」**を掲げたいと思います。これらの21箇条から外れていない限り、きっとあなたは間違っていません。

リクルーターシップ
～採用担当者が発揮すべき21の行動指針～

1 dive deep
ポジションを理解しよう。現場を理解しよう。事情を理解しよう。人の心の機微を理解しよう。どっぷり浸かろう。

2 勝ち筋の設計
勝つべくして勝とう。勝てる理由をつくろう。勝てる算段をつけよう。

3 相場の熟知
採用は競争。ターゲットを、マーケットを、ライバルを熟知しよう。時流を踏まえよう。

4 気持ちシミュレーション
コミュニケーションを設計しよう。気持ちの揺れ動きや流れを共創しよう。

5 投資と回収の意識
必要なリソースを計算して、原資を確保しよう。採用チームはコストセンターではないと主張しよう。

6 いい空気づくり
関係者をやる気にさせよう。チームでいい空気をつくろう。メンバーはリーダーを育て、支えていこう。

7 ストーリーテリング
自らの言葉で、ストーリーを語ろう。候補者の人生と現場に感動を引き起こそう。

8 全身全霊クロージング
期待を伝えよう。粘り強くやろう。口説ききろう。好転させよう。大事な言葉をかけよう。

9 言葉を知る
言葉を知ろう。概念を知ろう。言語化しよう。言い回しを覚えよう。言葉を尽くそう。

10 主観を磨きこむ
主観を磨こう。直観を蓄積しよう。個人の主観は伝承して秘伝のタレ（組織の主観）にしよう。

11 美意識を鍛える
美しくやろう。美しい採用・倫理的な採用とは何か、考え続けよう。世に恥じないことをしよう。

12 データドリブン
数字で語ろう。信頼に足る数字を記録しよう。数字から意味を見出し、意思決定しよう。

13 道具を磨く
自分の道具は、自分が最もパフォーマンスを発揮できるようにカスタマイズしよう。無駄を削ごう。

14 工程の徹底改善
正確にやろう。モレなくやろう。でも速く、早くやろう。オペレーションで優位性を築こう。

15 苦手の克服
採用担当が折れたら、組織は成長しない。苦手意識なんて見て見ぬふりしよう。

16 healthy suspicion
健全な猜疑心を持とう。前例や通説を疑おう。「本当にそうなのか？」を大事にしよう。

17 自学自習
日頃から自分を仕込んでおこう。自分をアップデートしていこう。採用周辺のことも学ぼう。

18 当たり前のホスピタリティ
気を利かせよう。自分の手抜きや幼さが原因で、周囲に余計な手間や気遣いを生まないようにしよう。

19 見られ方も大切にする
自分の見られ方、チームの見られ方に責任を持とう。盛るのは禁止。愚直に向上に努めよう。

20 ないものはつくる
工夫しよう。編み出そう。創意工夫しよう。魅力がないならつくっていこう。いい採用でいい会社をつくろう。

21 have fun
採用を楽しもう。採用は素晴らしい仕事だと信じよう。採用の楽しさを関係者に知ってもらおう。

おわりに

　本書を最後まで読んでいただき、ありがとうございました。
　良い採用は、良いキャリアの第一歩となります。本書を通じて世の中の採用活動のレベルが少しでも上がり、良いマッチングが増えるのであれば、「一人ひとりが生き生きと働ける次世代社会の創造」を働く理由のひとつにしている者として、これに勝る喜びはありません。

　本書は、多くの方々とのコラボレーションで生み出されたものだと思っています。私自身の内部に眠っていたナレッジをコンテンツ化する機会をいただいた、スクーの森健志郎さん、ともにスクー上での授業を運営いただいた徳田葵さん、また出版への機会をつないでいただいた二宮優衣さん。彼らのご協力がなければ、本書がかたちになることはなかったでしょう。
　また、気分屋の私のわがままにお付き合いいただいたダイヤモンド社の畑下裕貴さん、日常的に私の癒しとなってくれている妻の理恵には大変感謝しています。
　そして、私の採用担当者としての基礎をつくりあげていただいたリクルートコミュニケーションズの寺田貴哉さん、私がアマゾンジャパン在籍時に上司として多くのチャレンジを任せていただいた菊谷雅之

おわりに

さん、求人広告の制作ディレクターをしていた時の教育担当であった佐藤タカトシさん（現 core words 株式会社 CEO ／ Creative Director）がいなければ、今の私はありませんでした。この場を借りてお礼申し上げます。

さらに、私に多くのヒントや好奇心・インスピレーションをもたらし続けてくれている、人材研究所の曽和利光さん、i-plug の金澤元紀さん、ビズリーチの関哲さん、面白法人カヤックの柴田史郎さん、サイバーエージェントの曽山哲人さん・向坂真弓さん、ヤフーの伊藤羊一さん・金谷俊樹さん・丸吉香織さん、メドレーの加藤恭輔さん、アクセンチュアの武井章敏さん・佐藤優介さん、ファンリーシュの志水静香さん、ユニリーバの島田由香さん・岡田美紀子さん、日本アイ・ビー・エムの杉本隆一郎さん、ソフトバンクの源田泰之さん・中村亮一さん、メルカリの石黒卓弥さん、people first の八木洋介さん、カゴメの有沢正人さん、ミスミグループ本社の有賀誠さん、グーグルの谷本美穂さん、アマゾンジャパンの竹村一郎さん・篠塚寛訓さん、リクルート（Indeed）の瀬名波文野さん、博報堂の田村寿浩さん、Redesign Work の林宏昌さん、セプテーニ・ホールディングスの上野勇さん・進藤竜也さん、ワンキャリアの寺口浩大さん、NewsPicks（ユーザベース）の坂本大典さん、早稲田大学の杉浦正和先生・枝川義邦先生、早稲田大学ビジネススクールの同級生・先輩・後輩の皆さん、神戸大学の服部泰宏先生、リクルートワークス研究所の中村天江さん、シンギュレイトの鹿内学さん、ReBoost の河合聡一郎さん、日本英語検定協会の波田野大悟さん、DMM.com の林英治郎さん、キャスターの原孝幸さん、ミライフの佐藤雄佑さん、カケハシの西村

晃さん、ジェイアイエヌの井上一鷹さん、Learning Strategy Partnersの田口光さん、Findyの山田裕一朗さん、WiLの市川大樹さん、YOU TRUSTの岩崎由夏さん、パーソルキャリアの三石原士さん、インクルージョン・ジャパンの吉沢康弘さん、レクターの広木大地さん、（元）ほぼ日の篠田真貴子さん、リンクアンドモチベーションの麻野耕司さん、at Will Workの藤本あゆみさん、そしてLINE株式会社の皆さん。ほかにも、私が採用で関わった候補者・入社者の方々など、ここでは書ききれないほど多くの方との相互作用によって、私のキャリアは築かれています。皆様には、感謝の念に堪えません。

　皆様との共著と言っても過言ではない本書によって、世の中により多くの幸せなキャリアと採用が生まれることを祈りながら、ここで筆をおきたいと思います。

2019年3月

青田 努

巻末特典

『採用に強い会社は何をしているか』
52のチェックリスト

出会う	メディア	☐	求人サイト・アプリを利用する際は、「成果（見込み）・コスト」を事前に見立てているか
		☐	自社の採用ページは、「採用課題を踏まえたコンテンツ」となっているか
		☐	オウンドメディア・人事ブログは、「計画的・継続的に運営」されているか
		☐	自社のイベント・セミナーは、「リアルな場ならではの価値」を提供できているか
		☐	ミートアップ開催の際は、ただ実施するだけでなく「採用成果に結びつくような工夫」がなされているか
		☐	合同企業説明会に出展の際は、「ブースへの来場率が高まるような工夫」をしているか
		☐	採用パンフ・冊子は、「紙の特性」を活かしているか、採用サイトを見ればわかるような内容になっていないか
		☐	採用ノベルティは、ターゲット人材が「もらって嬉しい」ものとなっているか
		☐	SNS（企業アカウント）は、「チームとして継続的に運営できる体制」としているか
		☐	自社の採用課題やターゲット人材によっては、「採用系メディア以外の活用」を検討できているか
		☐	その求人情報は、「ターゲットを振り向かせられる」ように工夫しているか
		☐	その求人情報は、「ほかの人にもシェアしたくなる」ようにつくられているか
		☐	その求人情報は、「ターゲットに提供できる価値やベネフィット」を伝えているか
		☐	その求人情報は、「ベネフィットを証明できる事実」もセットで伝えているか
		☐	その求人情報は、「他社の類似案件と差別化」できる要素が含まれているか
		☐	その求人情報には、「ターゲットが抱えそうな不安を払拭」できる要素が含まれているか
		☐	その求人情報には、「ウェルカム感」があるか
		☐	その求人情報は、「応募の際のハードルの高さ」が妥当か

211

出会う	エージェント	☐	エージェントが「クロージングしやすくなる」ように協力しているか
		☐	エージェントとのやりとりは「スピーディー」に行われているか
		☐	エージェントからアドバイスをいただき、「採用活動を改善していく姿勢」があるか
		☐	エージェントへ支払う「紹介料率」は、相場よりも低く設定されていないか
		☐	エージェントにモチベーション高く動いてもらうために「感謝」を伝えているか
	リファラル	☐	従業員紹介制度が認知されるように、「周知徹底」しているか
		☐	従業員紹介制度の存在が忘れられないように、「定期的にリマインド」しているか
		☐	「紹介インセンティブの額」は、従業員が協力したくなるような水準に設定しているか
		☐	従業員が知人を「紹介しやすくなるようなサポート」をしているか
		☐	従業員が知人を「紹介する際の安心感」を高められているか
		☐	従業員が「よりマッチする人を紹介できるような情報」を提供しているか
	スカウト	☐	個別スカウト文面には「個別感、見てくれている感、期待する理由」が盛り込まれているか
		☐	一斉スカウト文面においては「温度感」をターゲットに合わせているか
		☐	一斉スカウト文面においては「事実・データ」を盛り込んでいるか
見立てる	人材要件	☐	人材要件は「業務・カルチャー」に紐付いて設定されているか
		☐	人材要件を「期待行動」とセットにして具体的に言語化しているか
		☐	人材要件と、それを見立てる「選考方法」は最適なものを選んでいるか
	面接	☐	面接官は、事前に「レジュメの読み込み」を十分にしているか

巻末特典　『採用に強い会社は何をしているか』52のチェックリスト

見立てる	面接	☐	面接官は、候補者が「素に近い状態で話せるようにサポート」しているか
		☐	面接後に、合否の判断理由を「前後の面接官とすり合わせ」ているか
		☐	「面接官の人選」は妥当か
		☐	面接における「バイアスへの対策」は十分か
		☐	知りたいことが引き出せるように、「質問・投げかけの言葉をチューニング」しているか
結ばれる	クロージング	☐	クロージングを始める「タイミング」は遅くないか
		☐	候補者の心情を理解するうえで「十分な情報」を得ているか
		☐	オファーの際の「納得感・理性への訴えかけ」は十分か
		☐	オファーの際に「感動」が生まれているか
		☐	オファーの際の「安心感」はあるか、「不安払拭」は十分か
		☐	オファーに「意味のある重み」はあるか
		☐	他社と競合した際に、「ネガティブトーク」をしていないか
		☐	候補者の「ジャーニー（心情の流れ）を想定・デザイン」しているか
		☐	「内定応諾後のフォロー」を十分にしているか
		☐	辞退されたとしても、別れ際は美しいか
さいごに		☐	自社の採用担当者は、採用を楽しんでいるか

著者プロフィール

青田 努　あおた・つとむ

LINE 株式会社 People Partner 室 People Experience Designer。リクルートおよびリクルートメディアコミュニケーションズに通算 10 年在籍し、「リクナビ」の学生向けプロモーション、求人広告の制作ディレクター、自社採用担当を務める。その後、アマゾンジャパン、プライスウォーターハウスクーパースなどで人事マネージャー（おもに中途採用領域）を経て、2015 年より日本最大の HR ネットワーク「日本の人事部」にて、人事・人材業界向け講座の企画・運営、HR Tech メディアなどのサービス立ち上げに携わる。2017 年にＬＩＮＥ株式会社入社、Employee Success 室 副室長などを経て 2019 年 10 月より現職。1999 年、筑波大学 第一学群 人文学類 卒業。2014 年、早稲田大学大学院 商学研究科（MBA）修了。組織学会、人材育成学会、日本マーケティング学会会員。

Twitter@AotaTsutomu

採用に強い会社は何をしているか
──52の事例から読み解く採用の原理原則

2019年4月10日　第1刷発行
2022年7月21日　第5刷発行

著　者────青田 努
発行所────ダイヤモンド社
　　　　　　〒150-8409　東京都渋谷区神宮前6-12-17
　　　　　　https://www.diamond.co.jp/
　　　　　　電話／03・5778・7233（編集）　03・5778・7240（販売）
装丁──────渡邊民人（TYPEFACE）
本文デザイン・DTP──清水真理子（TYPEFACE）
製作進行────ダイヤモンド・グラフィック社
校閲・校正──加藤義廣（小柳商店）
印刷──────堀内印刷所（本文）・加藤文明社（カバー）
製本──────本間製本
編集担当────畑下裕貴

Ⓒ2019 Tsutomu Aota
ISBN 978-4-478-10434-7
落丁・乱丁本はお手数ですが小社営業局宛にお送りください。送料小社負担にてお取替えいたします。但し、古書店で購入されたものについてはお取替えできません。
無断転載・複製を禁ず
Printed in Japan